Karin Jefferys-Duden

W0345724

Das neue Streitschlichterprogramm

Trainingsheft

Persen Verlag GmbH

Gedruckt auf umweltbewusst gefertigtem, chlorfrei gebleichtem
und alterungsbeständigem Papier.

4. Auflage 2010
Nach den seit 2006 amtlich gültigen Regelungen der Rechtschreibung
© by Persen Verlag GmbH, Buxtehude
Alle Rechte vorbehalten.

Das Werk und seine Teile sind urheberrechtlich geschützt. Jede Nutzung in anderen als den gesetzlich zugelassenen Fällen bedarf der vorherigen schriftlichen Einwilligung des Verlages. Hinweis zu §52a UrhG: Weder das Werk noch seine Teile dürfen ohne eine solche Einwilligung eingescannt und in ein Netzwerk eingestellt werden. Dies gilt auch für Intranets von Schulen und sonstigen Bildungseinrichtungen.
Illustrationen: Daniela Bühnen
Satz: MouseDesign Medien AG, Zeven

ISBN 978-3-8344-**3644**-3

www.persen.de

Inhaltsverzeichnis

Worum es geht

Meinen Glückwunsch, dass du dich für Streitschlichtung interessierst! Vielleicht weißt du schon, worum es im Großen und Ganzen geht: Streitschlichter helfen Konfliktparteien, Lösungen für ihren Streit zu finden. Streitschlichtung – oder auch Mediation – wurde in den USA entwickelt, damit Erwachsene nicht jeden Streitfall von einem Richter entscheiden lassen müssen. Mithilfe von Mediatoren bzw. Schlichtern finden sie oft bessere Lösungen, als wenn jemand anderes für sie urteilt.
Weil Kinder und Jugendliche sich oft streiten und einen großen Teil ihrer Zeit in der Schule verbringen, haben sich viele Schulen – zunächst in den USA und später auch in anderen Ländern – entschieden, Jugendliche zu Streitschlichtern auszubilden.
Die Streitschlichter lernen ein bestimmtes Vorgehen und eine besondere Gesprächsführung, damit das Konfliktgespräch erfolgreich verläuft. Wenn du schon in der Grundschule mit Streitschlichtung zu tun hattest, kannst du deine Kenntnisse jetzt vertiefen, denn die Konflikte von Jugendlichen sind etwas komplizierter als die von Kindern.

Ich bin Karin Jefferys-Duden, Schulpsychologin in Nordrhein-Westfalen, und berate Kinder und Jugendliche, ihre Eltern und Lehrkräfte, wenn die Schule zu einem Problem wird. Dazu gehören Konflikte. Vor 15 Jahren habe ich Streitschlichtung an amerikanischen Schulen kennengelernt. Ich war beeindruckt, dass Kinder und Jugendliche ihre Konflikte selbstständig lösen können und anderen sogar dabei helfen. Deshalb habe ich ein Programm für deutsche Schulen entwickelt und jetzt dieses Heft für Schülerinnen und Schüler geschrieben. Beim Lesen und Ausprobieren wünsche ich euch viel Spaß!

An die zukünftigen Streitschlichterinnen und Streitschlichter

K. Jefferys-Duden: Das neue Streitschlichterprogramm, Trainingsheft
© Persen Verlag GmbH, Buxtehude

Zu diesem Heft

An einem Streit sind mindestens zwei Personen beteiligt. In der Streitschlichtung arbeiten normalerweise vier Leute zusammen: die Konfliktparteien und zwei Streitschlichter. Weil die Streitschlichter für den Ablauf verantwortlich sind, müssen sie besonders gut kooperieren. Sobald die Gruppe der Streitschlichter ihre Ausbildung beendet hat, muss sie zusammen mit ihren Betreuern die Streitschlichtung organisieren; auch hier ist Kooperation gefragt.

Weil die Gruppe der Streitschlichter über einen längeren Zeitraum zusammenarbeiten wird, sollten sich ihre Mitglieder etwas genauer kennenlernen. Dazu dient das erste Kapitel dieses Heftes.

Gegenstand der Streitschlichtung sind Konflikte. Daher geht es im zweiten Kapitel um Konflikte in eurer Schule und um eure eigenen Konflikterfahrungen.

Im Laufe des Trainings wirst du durch zunehmendes Wissen und wachsende Erfahrung zum Experten für eigenes und fremdes Konfliktverhalten werden. Das dritte Kapitel vermittelt dazu einige Grundlagen, z. B. wie man seine Interessen vertreten kann, Angst und Ärger bewältigt und seine Fehler ehrlich zugibt.

Weil Streitschlichter Konfliktgespräche anleiten müssen, werden dir einige Grundlagen der Gesprächsführung nützlich sein. In Kapitel 4 lernst du z. B., welche Äußerungen mehr und welche weniger hilfreich sind und was du im Gespräch sonst noch beachten musst.

In Kapitel 5 erfährst du viele Einzelheiten über die Streitschlichtung.

Schließlich findest du im 6. Kapitel wichtige Informationen zur Organisation der Streitschlichtung.

Streitschlichtung lernst du nicht nur aus Büchern, sondern durch Ausprobieren. Bevor du Streitschlichtung anbietest, solltest du sicher sein, dass du die Anforderungen bewältigst. Die einzelnen Anforderungen lassen sich in kleinen und größeren Übungen trainieren. Auch dazu gehören zwei oder mehrere Personen. Trainiere mit wechselnden Partnern, weil du dadurch lernst, dich auf verschiedene Menschen einzustellen, so wie es in der Streitschlichtung erforderlich ist.

Deine Erfahrungen mit der Ausbildung zum Streitschlichter, mit einzelnen Kapiteln und Übungen kannst und sollst du in einem **Lerntagebuch** in Form von Notizen oder Mindmaps festhalten, weil du damit den Stoff für dich nützlich machst. Dafür sind zu Beginn, am Ende oder auch zwischendurch freie Zeilen vorgesehen.

© Persen Verlag GmbH, Buxtehude

1. Wer wir sind: die Einzelnen und die Gruppe

Während der Ausbildung in Streitschlichtung und auch später werdet ihr euch regelmäßig treffen und intensiv zusammenarbeiten. Dabei werdet ihr euch genauer kennenlernen und euch hoffentlich zu einer starken Gruppe entwickeln. Der erste Schritt ist es, in dieser möglicherweise neu zusammengesetzten Gruppe auch solche Leute wahrzunehmen, die euch noch fremd sind. Hierzu dienen die folgenden Übungen.

Kennenlernen

Partnerinterview und gegenseitiges Vorstellen

Suche dir jemanden aus der Gruppe, den du noch nicht gut kennst. Um ihn oder sie ein wenig kennenzulernen und anschließend der Gruppe vorstellen zu können, sammle in einem Gespräch ein paar Informationen zu deinem Gesprächspartner. Zu einigen Fragen kannst du dir auch Notizen machen, z. B.:

Name der Person ______________________________

Lieblingsfach in der Schule ______________________________

Lieblingsbeschäftigung in der Freizeit ______________________________

Lieblingssendung im Fernsehen ______________________________

Lieblingsmusik ______________________________

Lieblingsessen ______________________________

Lieblingsgegenstand aus der eigenen Tasche ______________________________

Während alle Gruppenmitglieder nacheinander vorgestellt werden, kannst du von jedem Einzelnen den Namen und eine wichtige Information aufschreiben. Die gesammelten Informationen können dir helfen, dich schneller an neue Personen zu erinnern.

Name	Information

K. Jefferys-Duden: Das neue Streitschlichterprogramm, Trainingsheft
© Persen Verlag GmbH, Buxtehude

Ein Profil

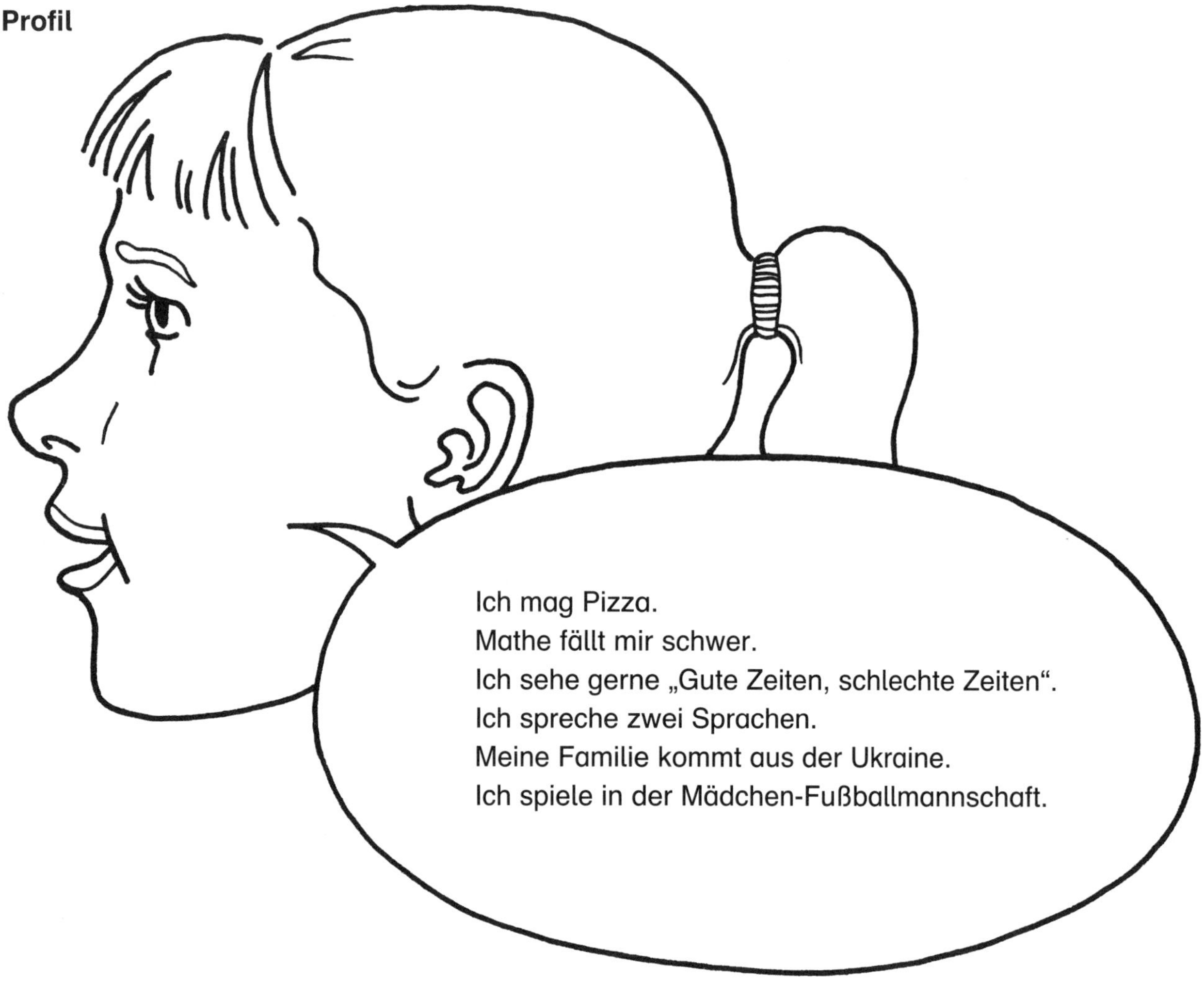

Mein Profil

© Persen Verlag GmbH, Buxtehude

Das Persönlichkeitsprofil

Ein Persönlichkeitsprofil besteht aus Eigenschaften und Fähigkeiten einer bestimmten Person. Anhand eines Persönlichkeitsprofils kann man eine Person erkennen oder erraten.
Entwirf dein eigenes Persönlichkeitsprofil. Es soll aus 6 kurzen Beschreibungen bestehen, die Hobbys, Kenntnisse, Fähigkeiten, Vorlieben oder Gruppenzugehörigkeiten einschließen können:

____

____

____

____

____

____

Deine Streitschlichterkollegen sollen in Kürze erraten, welches Persönlichkeitsprofil zu welcher Person gehört. Mache es ihnen dabei anfangs schwer und dann immer leichter.
Ordne dazu deine 6 Persönlichkeitsmerkmale so an, dass du zu Beginn die Eigenschaften aufschreibst, die eher allgemein gehalten sind und auf mehrere Personen zutreffen würden und gegen Ende die Eigenschaften, die für dich ganz besonders typisch und speziell sind, sodass Verwechslungen fast ausgeschlossen sind.
Schreibe dein neu geordnetes Persönlichkeitsprofil hier ins Heft. Übertrage es anschließend auf einen Zettel.

Mein Persönlichkeitsprofil:

1. ______________________________
2. ______________________________
3. ______________________________
4. ______________________________
5. ______________________________
6. ______________________________

K. Jefferys-Duden: Das neue Streitschlichterprogramm, Trainingsheft
© Persen Verlag GmbH, Buxtehude

Who is who?

Euer Trainer wird die Blätter mit den Persönlichkeitsprofilen aller Teilnehmer einsammeln, mischen und langsam – nach jeder Eigenschaft innehaltend – vorlesen. Verhalte dich ganz ruhig und unauffällig, wenn deine Eigenschaften vorgetragen werden, um keine zusätzlichen Hinweise zu liefern.
Du kannst auch Freunde, die dich genau kennen, vorher anweisen, sich beim Raten zurückzuhalten.
Beobachte, wie lange es dauert, bis jemand dich erkennt, und welche Eigenschaften dabei geholfen haben. Wenn die Gruppe Schwierigkeiten hat, dich oder andere Personen zu erraten, ist das ein Zeichen dafür, dass ihr noch nicht viel übereinander wisst. In diesem Fall solltet ihr mehr von euch erzählen und mehr Fragen aneinander stellen.
Wer aus eurer Gruppe viele Personen errät, scheint leicht Kontakte zu knüpfen und ein gutes Gedächtnis für seine Mitmenschen zu haben. Wer wenige Personen erkennt, kann möglicherweise besonders unvoreingenommen an Personen herangehen. Beide Vertreter können eurer Gruppe nützlich sein.

Gedächtnistraining

Wenn ihr euch auf ein mögliches Quiz zu eurer Gruppe vorbereiten wollt, könnt ihr Kofferpacken einmal anders spielen: Ihr sitzt am besten im Kreis, um alle Mitglieder sehen zu können. Jemand beginnt mit dem Satz: Ich feiere eine Party und lade ... mit ... ein. In die Lücken fügt er einen Namen und ein Merkmal ein, z. B. Lisa mit ihrem Lieblingsessen Spaghetti. Die nächste Person wiederholt den Satz, den ersten Namen mit genanntem Merkmal und fügt die nächste Person aus dem Kreis hinzu, z. B. Michel mit seiner Lieblingsserie „Die Simpsons“. Wie viele Namen mit den passenden Merkmalen könnt ihr euch hintereinander merken?

Erkenne die Täuschung

In Zufallsgruppen zu vier Personen stellt sich reihum jedes Gruppenmitglied den anderen vor, und zwar mit vier beschreibenden Sätzen. Unter diesen vier Äußerungen soll eine unwahre Behauptung sein (versuche, dir deine „Lüge“ nicht anmerken zu lassen!). Die anderen drei Gruppenmitglieder müssen sich darauf einigen, welche Äußerung die Täuschung sein mag. Sie dürfen dreimal raten. Ist das erste Raten bereits ein Volltreffer, erhält die Gruppe 3 Punkte. Ein Treffer beim zweiten Raten bringt 2 Punkte und beim dritten Raten 1 Punkt. Welche Gruppe erzielt die meisten Punkte?

Mein Werteprofil

Werte sind grundlegende Überzeugungen über das Leben, die Menschen und die Gestaltung der Welt. In einigen Schulen wird Werteerziehung als Ergänzung zum Religionsunterricht erteilt, damit Jugendliche Klarheit darüber gewinnen, was Ihnen wichtig ist.

Kreuze an, wie wichtig dir die folgenden Werte sind.
Wenn du deine Kreuze über alle Zeilen miteinander verbindest,
erhältst du dein persönliches Werteprofil.

	unwichtig	etwas wichtig	wichtig	extrem wichtig
Abenteuer	❑	❑	❑	❑
anderen helfen	❑	❑	❑	❑
Erfolg in Schule / Beruf	❑	❑	❑	❑
Ehe / Familie	❑	❑	❑	❑
Einfluss / Macht	❑	❑	❑	❑
Freunde / Bekannte	❑	❑	❑	❑
Frieden in der Welt	❑	❑	❑	❑
ruhiges Leben	❑	❑	❑	❑
viel Geld / Besitz	❑	❑	❑	❑
Weisheit	❑	❑	❑	❑

K. Jefferys-Duden: Das neue Streitschlichterprogramm, Trainingsheft
© Persen Verlag GmbH, Buxtehude

Werte und Motive für die Streitschlichtung

Werte mögen deine Beweggründe zur Teilnahme an der Streitschlichterausbildung beeinflusst haben:

- Wenn du z. B. eine Bescheinigung in Streitschlichtung anstrebst, um sie deinen Bewerbungsunterlagen für eine Ausbildungsstelle hinzuzufügen, scheint dir Erfolg in Schule oder Beruf nicht ganz unwichtig zu sein.
- Wenn du unter den Konflikten in deiner Schule oder in deiner Familie leidest, strebst du vielleicht mehr Frieden in deinem Umfeld an.
- Wenn du beobachtest, dass einige Menschen in Konflikten zu kurz kommen, möchtest du dich mit der Streitschlichtung vielleicht für Schwächere einsetzen.
- Mit Streitschlichtung könntest du aber auch etwas Ansehen und Einfluss in der Schule gewinnen.
- Vielleicht möchtest du mit der Streitschlichtung auch mehr Leute kennenlernen oder findest, dass du deinen Schulalltag interessanter gestalten solltest.
- Schließlich kann man als Erwachsener mit entsprechender Ausbildung als Mediator auch Geld verdienen oder Mediation unentgeltlich einsetzen und damit vielfältige Erfahrungen sammeln und Weisheit entwickeln.

Lerntagebuch

Welche Erkenntnisse ich gewonnen habe:

Welche Übungen ich interessant fand:

Was mir nützlich sein wird:

© Persen Verlag GmbH, Buxtehude

Zur Streitschlichtergruppe

Unser Umgang

Faires Verhalten ist in deiner Streitschlichtergruppe besonders wichtig, weil ihr gut zusammenarbeiten müsst – zunächst bei den Übungen und später während eures Einsatzes. Vertrauen zu den Mitgliedern ist für Streitschlichter eine Voraussetzung dafür, Streitschlichtung in Rollenspielen zu üben und anschließend über ihre Erfahrungen zu sprechen. Nur mit einem Gruppenmitglied gut auszukommen, reicht auch deshalb nicht aus, weil man sich seine Partner nicht immer aussuchen kann und aussuchen sollte. Schließlich können sich Streitschlichter ihre Streitparteien auch nicht auswählen. Faires Verhalten kann in der Streitschlichtergruppe geübt werden, sodass es zur Selbstverständlichkeit wird.

Welches Verhalten ist dir besonders wichtig? Schreibe auf, was du von deinen Streitschlichterkollegen erwartest.

Einigt euch zunächst zu zweit, dann zu viert, dann evtl. zu acht oder in der ganzen Gruppe auf drei oder vier Regeln. Diese Regeln für den Umgang in eurer Gruppe könnt ihr auf einem Plakat festhalten.

K. Jefferys-Duden: Das neue Streitschlichterprogramm, Trainingsheft
© Persen Verlag GmbH, Buxtehude

Feedbackregeln

Stell dir vor, du übernimmst eine Aufgabe, z. B. die Hauptrolle in einem Rollenspiel. Du hast deine Nervosität überwunden und dich angestrengt, deine Rolle so gut wie möglich auszufüllen. Mit einigen Aspekten deiner Leistung bist du zufrieden, mit anderen weniger. In einem nächsten Schritt geben dir deine Gruppenmitglieder folgende Rückmeldungen zu deinem Verhalten:

Was denkst du über diese Kommentare? Wie würdest du dich in Zukunft in dieser Gruppe verhalten?

____

____

Kein Mensch möchte gern vorgeführt werden oder sein Gesicht verlieren, besonders nicht vor Kollegen, denen man immer wieder begegnet. Leider verhalten sich Erwachsene nicht immer vorbildlich, weil sie Feedbackregeln nicht gelernt haben. Mit eurem Feedback wollt ihr euch gegenseitig ermutigen und stärken.

Etwas vor Zuschauern zu präsentieren, fällt vielen Menschen nicht leicht. Schon diese Überwindung verdient Respekt. Auch wenn die Präsentation möglicherweise noch schwach war, wirst du immer etwas finden, was gut gelungen ist und was du anerkennen kannst. Schwachpunkte kannst du behutsam ansprechen. Dabei beschränkst du dich auf einen wichtigen Punkt und äußerst einen konkreten Vorschlag, was die Person anders tun oder sagen könnte. Du kannst zunächst fragen, ob die Person einen Verbesserungsvorschlag hören möchte. Vielleicht möchtest du darauf hinweisen, dass du selbst auch Schwierigkeiten mit der Aufgabe hättest.

Unsere Feedbackregeln:

____

____

____

© Persen Verlag GmbH, Buxtehude

Unser Ruf

Streitschlichter müssen in ihrer Schule bekannt sein – bei Lehrern und bei Schülern –, damit sie in Konfliktfällen angefordert werden. Das führt dazu, dass sie auch in anderen Situationen wahrgenommen und möglicherweise bewertet werden *(„Was mag denn das für eine/einer sein? Mal sehen, wie die/der sich jetzt wohl verhält.")* Von einigen Lehrern und Schülern werden sie vielleicht sogar als Vorbilder angesehen. Streitschlichter müssen zwar nicht in jeder Hinsicht vorbildlich sein, aber im Umgang mit anderen sollten sie sich behutsam verhalten, um ihren Ruf nicht zu gefährden. Was könnte das bedeuten?

Schreibe auf, was Streitschlichter vermeiden sollten.

Ergänze deine Ideen mit den Vorschlägen von drei anderen Teilnehmern.

Falls ein Streitschlichter ein schwerwiegendes Problem mit einem Mitschüler oder Lehrer verursacht, sollte er in der Lage sein, das eigene Fehlverhalten zu erkennen und in Ordnung zu bringen, denn dasselbe wird in der Streitschlichtung von Konfliktparteien erwartet.

Die Streitschlichtergruppe sollte – wenn immer möglich – darauf achten, dass keinem Mitglied grobe Fehler passieren. Aber wie? Wenn anwesend, sollten die Streitschlichter ihren Kollegen beiseite nehmen, beruhigen und ihn daran erinnern, dass sein Verhalten nicht entgleisen darf. Für Streitschlichter ist es keine Schande, in eigenen Konflikten selbst eine Streitschlichtung in Anspruch zu nehmen. Im Gegenteil, sie zeigen dadurch ihr Vertrauen in die Streitschlichtung und gehen mit gutem Beispiel voran. Falls ein grober Fehler vorgefallen ist, sollte ein Streitschlichter seine Gruppe oder den Betreuer darüber informieren *(„Mir ist leider etwas Dummes passiert!")*. Die Gruppe oder ihr Betreuer wird ihn beraten, wie die Sache ins Reine gebracht werden kann. Wer allerdings häufiger schlimme Fehler macht, der sollte sich als Streitschlichter vorläufig „beurlauben" lassen und an seinem Verhalten arbeiten.

© Persen Verlag GmbH, Buxtehude

2. Konflikte

Konflikte sind Interessengegensätze. Eine oder jede Konfliktpartei fühlt sich durch die andere gestört, blockiert, hintergangen oder schlecht behandelt und zeigt das auch, aber es ändert sich nichts. Oft können die Konfliktparteien ihren Streit nicht selbst lösen. Möglicherweise gehen sich die Parteien aus dem Weg und vermeiden weitere Auseinandersetzungen, oder der Konflikt schwelt weiter und bricht wie ein Vulkan plötzlich wieder aus.
Ziel der Streitschlichtung ist es, Konflikte für beide Seiten zufriedenstellend zu lösen. Durch ihr Angebot tragen Streitschlichter dazu bei, das Verhalten der Konfliktparteien und den Verlauf von Alltagskonflikten zu verändern, sodass eine faire Lösung zustande kommen kann. Streitschlichter müssen also das Verhalten der Konfliktparteien beobachten. Im Laufe der Zeit werden sie zu Experten für Konflikte zwischen Mitschülern. Sie sollten sich allerdings auch ihr eigenes Verhalten in Konflikten bewusst machen. Die folgenden Übungen sollen zum Nachdenken darüber anregen, wie sich Personen in Konflikten verhalten. Zunächst betrachten wir das eigene Konfliktverhalten und danach das einiger Mitschüler.

Lerntagebuch

Nachdem du dieses Kapitel gelesen und einige Übungen mitgemacht hast, notiere, was für dich wichtig war und wie es dir in der Zukunft nützlich sein könnte.

© Persen Verlag GmbH, Buxtehude

Mein Konfliktverhalten

Denke an deinen letzten Konflikt. Er könnte sich in der Schule oder in der Freizeit mit Erwachsenen oder Gleichaltrigen zugetragen haben. Worum ging es in diesem Konflikt? Was war dein Anliegen, was war das Anliegen der anderen Streitpartei? Wie habt ihr euren Konflikt ausgetragen? Was kam dabei heraus?
Jetzt versuche, dein Konfliktverhalten zu verallgemeinern. Beschreibe dein Verhalten in Streitsituationen. Stell dir zusätzlich vor, wie deine Mitschüler dich beschreiben würden.

Bist du jemand,

- der seine Interessen deutlich vertritt?
- der oft nachgibt?
- der sich sehr schnell streitet?
- der Streit vermeidet?
- der seine Fehler (schuldbewusst) erkennt?
- der Fehler bei anderen sucht?
- der lautstark schimpft?
- der beschwichtigt?
- der handgreiflich wird?
- der versucht, über den Streit zu reden?
- bei dem Türen knallen oder Gegenstände durch den Raum fliegen?

Was möchtest du an deinem Verhalten in Konfliktsituationen ändern?

____

____

Wie willst du es ändern?

____

Wer könnte dich dabei unterstützen?

____

Meinst du, dass du ein guter Streitschlichter werden könntest, auch wenn du dich nicht immer vorbildlich streitest? Denke auch an deine sonstigen Fähigkeiten, die bei einer Streitschlichtung nützlich sein können.

Meine Stärken als zukünftiger Streitschlichter:

____

____

© Persen Verlag GmbH, Buxtehude

Konflikte beobachten

Als angehende Streitschlichter möchtet ihr vielleicht herausfinden, wie verbreitet Konflikte bei jüngeren Schülern sind, worum es dabei geht, wie diese Konflikte ausgetragen werden und schließlich ausgehen. In den Pausen, vor Schulbeginn oder nach Schulschluss könnt ihr euch einzeln oder zu zweit an solchen Orten einfinden, die zu Konflikten „einladen", z. B. in der Nähe von Spiel- oder Sportgeräten, am Verkaufsstand, bei dichtem Gedränge, an wenig beaufsichtigten Plätzen. Nach der Beobachtung eines Konfliktes könnt ihr Stichworte dazu auf Zettel schreiben und an einer Pinnwand unter folgenden Überschriften sammeln:

Worum es ging: ______________________________

____

____

Wie gestritten wurde: ______________________________

____

____

Konfliktausgang: ______________________________

____

____

Verhalten der Zuschauer (wenn anwesend): ______________________________

____

____

© Persen Verlag GmbH, Buxtehude

Interview zu Konflikterfahrungen

Für angehende Streitschlichter ist es interessant, wie Mitschüler über Streit im Allgemeinen denken und welche Erfahrungen sie damit verbinden. Ob es immer negative Erfahrungen sind? Die Fragen unten auf dieser Seite können dir als Leitfaden für ein Interview dienen.

Dein Interview solltest du mit einer Erklärung darüber einleiten, warum du dich für dieses Thema interessierst. Überlege dir eine solche Einleitung und probe dieses Interview mit einem deiner Gruppenmitglieder. Stichworte zu den Ergebnissen der Interviews könnt ihr auf Zetteln verschiedenen Überschriften zuordnen.

Was fällt dir zum Wort Streit (oder Konflikt) ein?

(Wenn keine Antwort kommt, kannst du ermutigen, z. B.: *„Irgendetwas. Es muss nicht perfekt sein.“*)

Wann hattest du deinen letzten Streit?

(„Denk mal an zu Hause, deine Freunde, deine Mitschüler oder Lehrer.“)

Wer war beteiligt? Wo fand der Streit statt?

Worum ging es bei diesem Streit?

Wie habt ihr euch gestritten?

Wie ging der Streit aus?

K. Jefferys-Duden: Das neue Streitschlichterprogramm, Trainingsheft
© Persen Verlag GmbH, Buxtehude

Konfliktausgänge

In deinen Interviews hast du erfahren, wie die Konflikte aus Sicht der interviewten Person ausgegangen sind. Diese Informationen reichen wahrscheinlich aus, um zu beurteilen, um was für Konfliktlösungen es sich in den vorliegenden Fällen handelte. Wissenschaftler haben herausgefunden, dass sich alle Konfliktlösungen den folgenden fünf Kategorien zuordnen lassen:

1. **Verlierer-Verlierer-Ergebnis:** Beide Parteien haben mit dem Konfliktausgang einen Nachteil, z. B. einen Schaden, einen Verlust oder sogar eine Verletzung.

2. **Gewinner-Verlierer-Lösung:** Eine Partei gewinnt auf Kosten der anderen, indem sie einen Sieg erringt oder ein viel vorteilhafteres Ergebnis erzielt.

3. **Abbruch ohne Ergebnis:** Der Kontakt wird von einer oder von beiden Seiten abgebrochen.

4. **Einfache Kompromisse:** Beide Parteien rücken von ihren ursprünglichen Zielen etwas ab und treffen sich etwa in der Mitte.

5. **Gewinner-Gewinner-Lösung:** Beide Parteien sind mit der Lösung zufrieden, weil sie mehr Vorteile als Nachteile sehen.

Notiere, welche Konfliktlösungen deine Interviewpartner erlebt haben.
Falls dir Informationen fehlen, befrage deine Interviewpartner noch einmal.

1. Interview ______________________________

____

2. Interview ______________________________

____

3. Konfliktgespräche führen

Jeder Mensch ist im Umgang mit seinen Mitmenschen kritischen Situationen ausgesetzt, die zu Konflikten führen können oder bereits Konflikte sind.
Für angehende Streitschlichter ist es wichtig, eigene Erfahrungen mit schwierigen Situationen zu verarbeiten und in Zukunft solche Situationen immer besser zu bewältigen. In diesem Kapitel befassen wir uns daher mit Konfliktsituationen, in denen du nicht als neutrale Person schlichtest, sondern dir vorstellst, du wärst selbst als Konfliktpartei beteiligt.

Folgende Fähigkeiten werden dabei vertieft:

- seine Interessen (angemessen) vertreten
- Angst und Ärger bewältigen
- Fehler ehrlich zugeben
- Konfliktgespräche in eigener Sache führen

Lerntagebuch

Meine Anmerkungen beim oder nach dem Lesen dieses Kapitels:

© Persen Verlag GmbH, Buxtehude

Seine Interessen angemessen vertreten

Um deine Interessen zu vertreten, musst du dich mitteilen und zwar so, dass dein Anliegen gehört und berücksichtigt wird. Es gibt verschiedene Möglichkeiten, sein Anliegen vorzutragen. Du weißt, „der Ton macht die Musik", achte daher besonders darauf, wie du dich mitteilst.

Sieh dir die folgenden Beispiele an und schreibe auf, wie du als Angesprochener reagieren würdest.

A) Stell dir vor, ein Sitznachbar möchte deinen Zirkel ausleihen und sagt zu dir: *„Gib mal her, du Blödmann."*

Ich ____

B) Ein anderer mit demselben Anliegen sagt: *„Ich brauche dringend deinen Zirkel, wenn du fertig bist, weil meiner herumeiert."*

Ich ____

C) Ein dritter sagt: *„Ähm, kannst du mal, ähm, hast du mal, ähm, ich weiß auch nicht, was mit meinem Zirkel heute los ist."*

Ich ____

Verhalten in solchen Situationen kann man drei Kategorien zuordnen:

1. selbstsicher →
2. aggressiv →
3. unsicher →

Schreibe den Buchstaben des passenden Beispiels (A, B, C) hinter jede Verhaltensweise.

Vergleiche mit deinem Sitznachbarn eure Einschätzungen und eure Reaktionen auf jedes Beispiel. Findet ihr ähnliche Reaktionen vor?

____

____

© Persen Verlag GmbH, Buxtehude

Ein Anliegen äußern – wie gehe ich am klügsten vor?

Überlege, wie du dich gegenüber deinen Eltern verhältst, wenn du etwas von ihnen möchtest. Wenn du etwas von deinen Eltern brauchst, wirst du sie nicht beschimpfen, sondern bei passender Gelegenheit fragen. Weil deine Eltern über zusätzliche Kosten nicht immer begeistert sind, wirst du dein Anliegen begründen und deinen Wunsch vorsichtig vortragen, z. B.: *„Ich brauche einen neuen Zirkel, weil mein alter nicht mehr zu reparieren ist.“* Um deine Eltern noch besser zu überzeugen, wirst du ihnen schildern, welche Nachteile du durch einen nicht funktionierenden Zirkel hast, z. B.: *„Ich kann mit der Arbeit nicht anfangen, sondern muss warten, bis mein Sitznachbar fertig ist. Mein Lehrer guckt schon genervt, wenn ich mit der Arbeit nicht sofort beginne.“*

Um ein Anliegen zu äußern, benutzt du also Ich-Botschaften, denn es geht um deine Interessen. Du musst erklären, was dir wichtig ist und warum es dir wichtig ist.

Ich möchte ..., weil ...
Ich brauche ..., weil ...
Mich stört, dass ..., weil ...
Ich möchte nicht, dass ..., weil ...
Könntest du, weil ich ...

Klassenkameraden und andere Mitschüler sind – wie deine Eltern – für dich wichtig. Du möchtest von ihnen vernünftig angesprochen werden und solltest sie umgekehrt genauso behandeln. Andererseits möchtest du dich nicht ausnutzen lassen.

Ich-Botschaften in Konfliktsituationen

In Konfliktsituationen musst du deine Interessen angemessen vertreten, aber auch die Interessen des anderen berücksichtigen. Um dein Anliegen zu erklären, solltest du Ich-Botschaften anstelle von Du-Botschaften einsetzen. Warum?
Sieh dir folgende Du-Botschaften an. Schreibe deine spontane Reaktion dahinter.
Was würdest du sagen oder tun?

Du hast meinen Stift geklaut. ______________________________

Du quatschst hinter meinem Rücken. ______________________________

Du kennst mich wohl nicht mehr. ______________________________

Du erzählst nur Schrott. ______________________________

Du hast es wohl nicht mehr nötig, mich zu beachten. ______________________

Du weißt nicht, was du willst. ______________________________

Du erschreckst mich, Mensch. ______________________________

Vergleiche deine Reaktionen mit denen deines Sitznachbarn. Findet ihr ähnliche Reaktionen? Was ist daran bezeichnend?

K. Jefferys-Duden: Das neue Streitschlichterprogramm, Trainingsheft
© Persen Verlag GmbH, Buxtehude

Kritische Du-Botschaften wirken vorwurfsvoll oder aggressiv, besonders dann, wenn sie mit einer Abwertung oder Beschimpfung verbunden sind. Natürlich gibt es auch freundliche und neutrale Du-Botschaften – die sind kein Problem. In kritischen Situationen sollst du verstärkt Ich-Botschaften einsetzen, weil sie eine Situation entschärfen können.

In Konfliktsituationen sind immer Gefühle im Spiel. Deshalb sollst du dein Gefühl auch klar benennen. Vollständige Ich-Botschaften haben drei Bestandteile:

- Gefühl *(„Ich bin sauer,)*
- Auslöser *(wenn du mich so oft unterbrichst,)*
- Auswirkung des Auslösers *(weil ich dann keine Lust mehr habe zu erzählen.“)*

Du brauchst keine Sorge zu haben, dass Ich-Botschaften zu sanft klingen und ihre Wirkung verfehlen. Wenn du ein negatives Gefühl beschreibst und begründest, kann es deine Mitmenschen sehr betroffen machen. Aber sie wissen, was du willst und was du empfindest, sodass sie ihr Verhalten leichter ändern können.

Schreibe für die folgenden 4 Situationen je eine Ich-Botschaft auf.

1. Du fühlst dich ausgenutzt, weil dein/e Freund/in täglich von dir Hausaufgaben abschreibt, während er/sie dir nichts ausleiht.

____

2. Du fühlst dich übergangen, weil deine Freunde immer bestimmen wollen, was nachmittags gemacht wird.

____

3. Du stellst fest, dass dein Bruder den leckeren Kuchen aufgegessen hat, den ihr ausdrücklich teilen solltet.

____

4. Deine Freunde reden auf dich ein, mit ins Kino zu gehen, aber du hast keine Lust und willst in Ruhe gelassen werden.

____

Wie schätzt du folgende Äußerung ein? Als Ich-Botschaft oder als Du-Botschaft?
„Ich bin sauer, dass du wie ein Hund hinter mir herläufst und gar nicht merkst, wie du ätzt.“

____

____

© Persen Verlag GmbH, Buxtehude

Beschreibungen statt Abwertungen

Abwertungen verderben Ich-Botschaften und die Stimmung beim Zuhörer. Alle Teile einer Ich-Botschaft müssen sauber formuliert werden, wenn es eine echte Ich-Botschaft sein soll. Das bedeutet, dass der Auslöser und die Auswirkungen des Auslösers mit möglichst neutralen Begriffen beschrieben werden müssen. Mit einer Ich-Botschaft möchtest du ein Verhalten beim anderen verändern, aber nicht die ganze Person infrage stellen.

Bei den folgenden Äußerungen streiche die unpassenden, übertriebenen oder abwertenden Formulierungen durch und ersetze sie durch neutrale, beschreibende Äußerungen, die genauer angeben, was den Sprecher stören könnte. Um den Störfaktor zu beschreiben, musst du etwas Fantasie einsetzen.

... wenn du meine Sachen einsaust.

... wenn du absichtlich mein Heft kaputt machst.

... wenn du immer alles total verschmierst.

... wenn du immer alles verschlampst, wie mein Lineal.

... weil du so ein Tollpatsch bist, der alles kaputt macht, wie mein ...

... wenn du immer so rücksichtslos drängelst.

... wenn du mir immer alles nachmachst.

... wenn du immer so angibst.

... wenn du mich total vollquatschst.

K. Jefferys-Duden: Das neue Streitschlichterprogramm, Trainingsheft
© Persen Verlag GmbH, Buxtehude

Selbstbehauptung

Selbstbehauptung geht über ein gewöhnliches Vorbringen von Interessen hinaus. In manchen Situationen musst du deine Interessen oder Rechte geradezu verteidigen, weil sie dir jemand streitig machen will, indem er versucht, dich zu überrumpeln, zu übergehen oder zu übervorteilen. Jeder Mensch hat ein Recht auf Eigentum, freie Entfaltung und freie Meinungsäußerung, solange er nicht die Rechte anderer beeinträchtigt. Manche Personen nutzen andere aus oder versuchen sogar, sie einzuschüchtern, um ihre Macht zu zeigen oder zu vergrößern. Solchen Personen gegenüber wirst du versuchen, dich zu behaupten. Nicht immer werden Versuche der Selbstbehauptung gegenüber sehr starken Personen sofort klappen, aber du kannst das notwendige Verhalten üben, sodass es eine immer bessere Wirkung zeigt.

Beobachte Personen, die sich gegen Übergriffe auf ihre Rechte oder Bedürfnisse gut wehren können, ohne handgreiflich zu werden. Achte auf das, was sie sagen, wie sie es sagen und auf ihre Körpersprache. Notiere deine Beobachtungen und vergleiche sie anschließend mit den folgenden Hinweisen zur Selbstbehauptung.

Meine Beobachtungen:

Hinweise zur Selbstbehauptung

- Formulierung: Ich-Botschaft, Person mit Namen ansprechen, wenn bekannt
- Sprechtempo: langsam, deutliche Aussprache, Satz evtl. mehrfach wiederholen
- Betonung: feste Stimme, strenger Ton, jedes Wort betonen
- Gesichtsausdruck: ernst
- Blickkontakt: ins Gesicht sehen
- Körperhaltung: zugewandt, aufrecht, nicht verkrampft
- Abstand: ca. eine Armlänge

© Persen Verlag GmbH, Buxtehude

Rollenspiele zur Selbstbehauptung

In Dreiergruppen könnt ihr selbstsicheres Verhalten einüben und lernen, euch selbst zu behaupten. Jeder sucht sich eine für ihn schwierige Situation aus und erklärt seinem Mitspieler die Rolle des Gegenspielers (also, was er sagen und tun soll). Die dritte Person kann er bitten, als Beobachter auf ein bestimmtes Verhalten zu achten, z. B. auf Betonung, Gesichtsausdruck, Körperhaltung. Nach dem ersten Durchgang äußern die beiden Rollenspieler, wie sie sich gefühlt haben, und die dritte Person schildert ihre Beobachtungen. Im zweiten und dritten Durchgang haben die anderen in gleicher Weise Gelegenheit, sich in schwierigen Situationen zu bewähren.

Schwierige Situationen für Rollenspiele

1. Jemand will dein Handy benutzen, aber du willst es – wegen der hohen Kosten – auf keinen Fall ausleihen.

2. Jemand macht von deinen Sachen etwas kaputt, gibt es dir grinsend zurück und will den Schaden nicht beheben oder ersetzen.

3. Dein Freund/deine Freundin will dich überreden, dass du beim Lehrer für ihn/sie lügst und sagst, er/sie sei krank. Du lehnst ab.

4. Jemand ruft dich immer wieder mit einem ärgerlichen Spitznamen, den du nicht mehr hören willst.

5. Jemand nimmt dir etwas weg und behält es erst einmal.

6. Jemand nimmt deinen Platz ein und sagt, du könntest dir ja einen anderen suchen, was du aber nicht willst.

7. Du ärgerst dich über deinen neuen Haarschnitt und deine Freunde ziehen dich immer wieder damit auf.

8. Dein Lehrer beschuldigt dich eines Fehlverhaltens, das du gar nicht begangen hast.

Lerntagebuch

Was ich in schwierigen Situationen noch verbessern möchte:

____

____

____

____

K. Jefferys-Duden: Das neue Streitschlichterprogramm, Trainingsheft
© Persen Verlag GmbH, Buxtehude

Angst und Ärger bewältigen

Kein Mensch ist frei von Angst (z. B. vor der Rache einer stärkeren Person) oder Ärger (z. B. über eine Störung oder eine misslungene Leistung). Diese Gefühle haben eine wichtige Funktion: Sie schützen vor Gefahr, Störungen, Übergriffen oder eigener Dummheit. Extreme Angst oder blinde Wut können allerdings kluges Verhalten in kritischen Situationen verhindern.

Welche Tricks kennst du, um starke Angst oder Wut in den Griff zu bekommen? Schreibe einige auf. Tausche dich mit zwei bis drei Mitschülern aus und ergänze deine Liste.

Gefühle werden von Gedanken stark beeinflusst. Mit entsprechenden Gedanken kann man sich in Gefühle geradezu hineinsteigern und negative Gefühle verstärken oder man kann sich beruhigen und die Gefühle abschwächen.
Betrachte die folgenden Gedanken und beurteile, ob sie Angst, Ärger oder Misstrauen eher verstärken oder abschwächen. Markiere die beruhigenden Gedanken farbig.

1. *Den Kerl bring ich um.*
2. *Sie werden mich grün und blau schlagen.*
3. *Ich schlafe erst einmal drüber, dann gehe ich der Sache nach.*
4. *Wenn ich den erwische, der wird was erleben.*
5. *Davon geht die Welt nicht unter.*
6. *Das kann sie nicht so gemeint haben.*
7. *Das hat er nur getan, um mir zu schaden.*
8. *Wahrscheinlich wollen die mich hereinlegen.*
9. *Wenn ich anfange zu stottern, lachen mich alle aus.*
10. *Die hat mich total unmöglich gemacht.*
11. *Das war nur eine unbedachte Äußerung von ihm.*
12. *Totschlagen werden sie mich jedenfalls nicht.*

© Persen Verlag GmbH, Buxtehude

Selbsthilfe in schwierigen Situationen

In kritischen Situationen – und auch bei anderen Gelegenheiten – kannst du in Gedanken zu dir selbst beruhigend sprechen und dadurch Angst und Ärger besser bewältigen. Mit Gedanken, die Angst oder Ärger vermindern, kannst du dich auf eine kritische Situation vorbereiten und sie besser durchstehen. Betrachte zwei Beispiele:

Beispiel 1: Angst vor einer Klassenarbeit

- Vor der Situation:
  Gleich schreiben wir eine Arbeit. Das wird schwierig, aber ich habe mich gut vorbereitet. Ich werde das meiste gut schaffen.
- In der Situation:
  Die Arbeit sieht schwer aus, aber ich lasse mir Zeit und schaue mir alles in Ruhe an.
- Bewältigung der Aufregung:
  Ich werde nervös. Also entspannen. Tief durchatmen. Ruhig.
- Nach der Situation:
  Ich habe es geschafft. Ich kann, wenn ich will.

Beispiel 2: Wut auf Mitschüler Marc

- Vor der Situation:
  Da kommt Marc. Er wird mich wieder ärgern, aber ich bleibe ruhig.
- In der Situation:
  Ich gehe nicht hoch, ich bleibe ruhig, auch wenn er mich weiter beleidigt.
- Bewältigung der Aufregung:
  Er kriegt mich doch. Also ruhig werden. Durchatmen, zählen (10, 9, 8 ...). Und entspannen.
- Nach der Situation:
  Na ja, ich habe es nicht ganz geschafft, aber fast. Nächstes Mal klappt es noch besser.

K. Jefferys-Duden: Das neue Streitschlichterprogramm, Trainingsheft
© Persen Verlag GmbH, Buxtehude

Mein Beispiel

Suche dir eine Situation aus, die Angst oder Ärger bei dir auslöst.
Überlege dir beruhigende Sätze, die du zu dir in Gedanken sagen kannst.

- Vor der Situation:

  ____

- In der Situation:

  ____

- Bewältigung der Aufregung:

  ____

- Nach der Situation:

  ____

Kurzentspannung

Angst oder Ärger können sich auf deinen Körper so stark auswirken, dass du die Anzeichen deutlich bemerkst, z. B. Schwitzen, Zittern, Herzklopfen, beschleunigter Atem, flaues Gefühl im Magen oder angespannte Muskeln. Versuche eine Kurzentspannung: tief einatmen, langsam ausatmen, während des Ausatmens sagst du in Gedanken zu dir selbst *„ruhig"* oder *„Ruhe"* oder ein anderes kurzes beruhigendes Wort. Wiederhole diese Übung insgesamt dreimal. Die Kurzentspannung solltest du öfter in unterschiedlichen Situationen üben, damit sie im Ernstfall klappt.

© Persen Verlag GmbH, Buxtehude

Fehler ehrlich zugeben

Kennst du Personen, die keinen Fehler zugeben können? Personen, die um Ausreden nicht verlegen sind und Fehler oder Schwächen grundsätzlich bei anderen Personen oder äußeren Umständen suchen? Wenn sie auf ein Fehlverhalten angesprochen werden, beginnen solche Personen z. B. folgendermaßen:
Ich doch nicht ... Ja, aber der hat ja auch ... Warum denn ich? Immer ich ... Ich wusste nicht ...
Ich konnte nicht ... Ich hatte nicht ... Ich musste ...

Entwerft zu zwei oder drei Personen ein witziges Cartoon oder einen humorvollen Sketch zu diesem Thema. Darin könnte enthalten sein, wie jemand etwas angestellt hat und ertappt wurde. Was passiert, wenn die ertappte Person ihren Fehler sofort oder erst später unter dem Druck der Situation zugibt oder bis zum Ende bestreitet?

In kritischen Situationen oder Konflikten solltest du deinen Fehler sofort zugeben. Auch wenn deine Mitmenschen sauer über deinen Fehler und seine Folgen sind, werden sie anerkennen, dass du Mut hast und aufrichtig bist. Wenn du dagegen einen Fehler bestreitest, verlierst du deine Glaubwürdigkeit und ein unangenehmer Ruf hängt dir noch lange an. Als zukünftiger Streitschlichter brauchst du aber Glaubwürdigkeit und einen guten Ruf.

Wie kann man Fehler eingestehen? Ergänze die Formulierungsvorschläge.

- *Tut mir leid, dass ich aufgebraust bin.*
- *Ich wollte dich gar nicht anrempeln. Ich hab mich selbst erschrocken.*
- *War nicht so gemeint, was ich gesagt hab. Ich bin heute schlecht drauf.*
- *Du hast dich bestimmt geärgert, dass ich ... – und zwar zu Recht!*
- *Das war gemein von mir. Ich bring's wieder in Ordnung.*
- *Ich seh jetzt ein, dass ...*
- ______________________________

K. Jefferys-Duden: Das neue Streitschlichterprogramm, Trainingsheft
© Persen Verlag GmbH, Buxtehude

Konfliktgespräche in eigener Sache führen

Seine Interessen angemessen vertreten, Angst oder Ärger bewältigen und seine Fehler ehrlich zugeben sind wichtige Voraussetzungen, um ein Konfliktgespräch mit gutem Ergebnis zu führen. Stell dir vor, du bist selbst Konfliktpartei. Du hast mit einem Freund oder einer Freundin einen Streit, den du klären willst, weil ihr euch schon lange kennt und normalerweise viel Zeit miteinander verbringt. Du gehst auf deinen Freund oder deine Freundin zu und schlägst vor, miteinander über den Streit zu reden, weil du dich nicht länger ärgern, sondern wieder etwas mit ihm/ihr unternehmen willst. Dein Freund oder deine Freundin willigt ein, dass ihr euch nach der Schule in der Cafeteria trefft, und so geschieht es auch.
Damit ihr recht bald zu einem guten Ergebnis kommt, erinnerst du an die Gesprächsregeln:

1. ausreden lassen,
2. höflich sprechen,
3. Fehler ehrlich zugeben,

und daran, dass die folgenden Schritte eines Konfliktgesprächs eingehalten werden sollen:

- Standpunkte nacheinander beschreiben und begründen,
- den Standpunkt des anderen zusammenfassen, Missverständnisse beseitigen,
- möglichst drei Lösungsvorschläge suchen,
- sich für die beste Lösung entscheiden und sie per Handschlag besiegeln.

Den Ablauf eines Konfliktgesprächs sollst du zusammen mit einem Partner üben, zunächst einmal bei einem kleinen Konflikt.

Rollenspiel

Stellt euch vor, ihr seid jüngere Kinder und bastelt gern mit Lego. Am Nachmittag wollt ihr zusammen mit allen verfügbaren Steinen etwas Großes bauen. Da taucht eine Meinungsverschiedenheit auf: Der eine will ein Flugzeug bauen, der andere ein Schiff. Ärgerlich beginnt jeder, sein Projekt zu bauen, aber die Steine reichen nicht. Schon klaut einer dem anderen die Steine aus den Bauwerken und es gibt einen handfesten Streit. Da kommt euch die Idee, ein Konfliktgespräch mit allen Schritten und Regeln zu führen.

© Persen Verlag GmbH, Buxtehude

4. Gesprächsführung

Laienhelfer sind Personen, die sich eine bestimmte Aufgabe gestellt haben, nämlich ihren Mitmenschen in der einen oder anderen Weise zu helfen. Sie üben ihre Tätigkeit meistens für eine bestimmte Organisation ehrenamtlich aus, das heißt, sie erhalten kein Geld dafür. Bei der Telefonseelsorge engagieren sich zum Beispiel fast alle Mitarbeiter ehrenamtlich. Laienhelfer sind keine Profis, aber meistens erhalten sie eine Einführung oder ein kurzes Training als Vorbereitung auf ihre Aufgabe. Die Arbeit der Laienhelfer ist von unschätzbarem Wert, weil gerade sie als „ganz normale" Bürger bei Hilfesuchenden besonders gut ankommen.

Streitschlichter sind auch Laienhelfer, die nach einer Vorbereitung auf ihre Aufgabe ihren Dienst unentgeltlich anbieten. In ihrer Schule leisten sie einen wichtigen Beitrag dafür, dass Konfliktparteien eine Lösung für ihr Problem entwickeln und wieder miteinander auskommen. Erwachsene und Jugendliche, die Konfliktgespräche oder andere hilfreiche Gespräche mit Erfolg führen möchten, können sich darauf vorbereiten, indem sie sich mit einigen Grundlagen der Gesprächsführung beschäftigen. Zu diesen Grundlagen gehören:

- Echtheit
- Wertschätzung
- einfühlendes Verstehen
- aktives Zuhören
- unangemessenes Gesprächsverhalten erkennen und vermeiden („Türknaller")

Echtheit

Auch wenn ihr in der Streitschlichtergruppe Grundlagen der Gesprächsführung erlernt und dabei neue Verhaltensweisen einübt, sollt ihr euch weiterhin wie ganz normale Mitschüler verhalten. Ihr werdet zwar ein neues Verfahren und einige Techniken lernen, aber ihr sollt euch nicht verstellen, sondern eure Persönlichkeit beibehalten. Echtheit, also ehrlich zu sich und anderen zu sein, ist bereits eine wichtige Voraussetzung für hilfreiche Gespräche.

© Persen Verlag GmbH, Buxtehude

Wertschätzung

Wertschätzung bedeutet, jemanden zu akzeptieren und zu achten. Streitschlichter müssen sich gegenseitig respektieren und unterstützen; dazu habt ihr einige Regeln für den Umgang in eurer Gruppe entwickelt.

In der Streitschlichtung musst du die Konfliktparteien respektieren, und zwar unabhängig von deren Ansehen, Ruf oder Beliebtheit. Personen, die sich der Streitschlichtung anvertrauen, musst du so annehmen, wie sie sind, auch wenn sie Schwächen oder unangenehme Eigenschaften haben. Wenn sich die Konfliktparteien als Personen akzeptiert fühlen, werden sie sich eher an die Regeln halten und zu fruchtbarer Mitarbeit bereit sein.

Wertschätzung schließt eine partnerschaftliche Einstellung oder Haltung gegenüber anderen Menschen ein. Auch wenn du als Streitschlichter durch dein in der Ausbildung erworbenes Wissen und deine Erfahrung anderen Schülern etwas voraus hast, sind dir die Konfliktparteien nicht untergeordnet. Sie sind gleichrangig, weil die Teilnahme an der Streitschlichtung freiwillig ist. Die Konfliktparteien können das Gespräch sogar jederzeit abbrechen (genau wie die Streitschlichter). Sie sind deine Klienten. Ähnlich wie Kunden erhalten die Konfliktparteien eine Leistung von euch. Diese Dienstleistung ist in eurer Schule freiwillig und wird nicht bezahlt.

Woran erkennst du, dass dich jemand mit Wertschätzung (+) oder mit mangelnder Wertschätzung (–) behandelt?

Wertschätzung (+)	mangelnde Wertschätzung (–)

Vergleiche deine Beobachtungen mit drei Partnern.
Ergänzt eure Ergebnisse für einen gemeinsamen Bericht oder für einen Eintrag in eure Lerntagebücher.

Einfühlendes Verstehen

Wenn Streitschlichter Konfliktparteien bei der Lösung ihres Problems helfen wollen, müssen sie ihre Klienten verstehen, und zwar mit dem Kopf und mit dem Herzen. Sie müssen sich in die Situation beider Konfliktparteien hineindenken und hineinfühlen. Sie müssen ihre Fähigkeit, konzentriert zuzuhören, und ihr Einfühlungsvermögen trainieren. Wenn du dich schon ziemlich gut in die Lage anderer Menschen hineinversetzen kannst, wird dir diese Aufgabe nicht schwerfallen.

Wenn dir Freunde oder Familienangehörige ein Erlebnis oder ein Problem schildern, zeigst du deine Anteilnahme, indem du nachfragst, die Gefühle des anderen wahrnimmst und selbst ein ähnliches Gefühl zeigst. Wenn dir jemand zum Beispiel eine traurige Geschichte erzählt, lachst du nicht darüber, denn mit dieser Reaktion würdest du die Gefühle des anderen verletzten. Der andere würde sich unverstanden fühlen und sich dir in Zukunft nicht mehr anvertrauen.
In der Streitschlichtung musst du deine Anteilnahme sogar fremden Personen zeigen. Deine Anteilnahme musst du dabei nicht übertreiben oder überschwänglich zeigen. Vermittle sie auf deine natürliche Weise, aber deutlich genug, sodass die Konfliktparteien sie wahrnehmen können.

In der folgenden **Partnerübung** erzählt einer eine selbst erlebte, bewegende, schöne oder weniger schöne Geschichte und der andere hört zu.
In den ersten drei bis fünf Minuten spielt der Zuhörer eine kühle, distanzierte Person. Er macht kurz angebundene, möglicherweise zweifelnde und desinteressierte Bemerkungen (z. B.: *„so, so“*). Seine Mimik – dazu passend – ist unbewegt, ausdruckslos oder zweifelnd.
Nach Ablauf der Zeit kündigt der Zuhörer einen zweiten, „verbesserten“ Versuch an. Dieses Verhalten muss er mit Körperhaltung, Blickkontakt und kurzen sprachlichen Äußerungen deutlich machen. Am Ende dieses Gesprächs sagt der Erzähler dem Zuhörer, was dessen distanziertes und Anteil nehmendes Verhalten bei ihm bewirkt haben. Danach tauscht ihr die Rollen, damit jeder als Erzähler beide Verhaltensweisen erfahren kann.

Was einfühlendes Verstehen bewirkt:

___

___

___

K. Jefferys-Duden: Das neue Streitschlichterprogramm, Trainingsheft
© Persen Verlag GmbH, Buxtehude

Gefühle erkennen und berücksichtigen

Voraussetzung für einfühlendes Verstehen ist, dass du die Gefühle der Hilfe suchenden Person erfasst. Sehr häufig äußern Gesprächspartner ihre Gefühle nicht direkt. Sie sind es nicht gewohnt, Ich-Botschaften zu äußern, und oft genug sind sie sich ihrer Gefühle gar nicht bewusst. Durch dein Gesprächsverhalten kannst du dazu beitragen, dass die Anliegen der Konfliktparteien und ihre Gefühle klarer werden.

Im Folgenden findest du kurze Beschreibungen von verschiedenen Situationen. Versetze dich in diese Situationen und benenne das Gefühl, das sie bei dir selbst auslösen würden. Danach schätze ein, wie stark dein Gefühl in jeder Situation vermutlich ausgeprägt wäre.
Vergleiche deine Einschätzungen mit 2 bis 3 Partnern, stelle Unterschiede (≠) und Gemeinsamkeiten

(=) fest.

	Situation	**mein Gefühl**	**Stärke meines Gefühls**
	Auch beim 3. Versuch ist deine Zeichnung nicht gelungen.	____________________	0 ——————→ 10
	Jemand macht dich vor deinen Freunden fertig.	____________________	0 ——————→ 10
	Dein bester Freund zieht in eine andere Stadt.	____________________	0 ——————→ 10
	Du willst deine Familie mit einer Nachspeise überraschen, aber sie ist angebrannt.	____________________	0 ——————→ 10
	Deine Beiträge zu einem Klassenprojekt haben alle schwer beeindruckt.	____________________	0 ——————→ 10

© Persen Verlag GmbH, Buxtehude

Gefühle erraten – Einzel- und Partnerarbeit

Als Nächstes sollst du Gefühle erraten, die sich hinter verschiedenen Äußerungen verbergen können. Beim Lesen schriftlicher Äußerungen fehlen dir natürlich wichtige Informationen: Stimme und Betonung, Gesichtsausdruck und evtl. Körperhaltung. Versuche zunächst, hinter jede schriftliche Äußerung das Gefühl zu schreiben, das du vermutest.
Die Liste der Äußerungen kannst du durch eigene Ideen ergänzen. Danach kannst du abwechselnd mit einem Partner Äußerungen vortragen, der Partner errät das Gefühl, das du ausdrücken wolltest, und umgekehrt.

Oh, Gott, das kann ich nicht. ______________________

Immer verliere ich das blöde Spiel! ______________________

Den Kerl bring ich um! ______________________

Die mag mich einfach nicht. ______________________

Die Urkunde habe ich mir erkämpft. ______________________

Auch wenn's schwer ist, ich probier's. ______________________

Die denkt, sie sei hier die Queen. ______________________

Außer mir hat das noch niemand geschafft. ______________________

Ich hab mich so angestrengt, und doch nur 'ne 4–. ______________________

Es ist zwecklos, ich geb auf. ______________________

Lerntagebuch

____

____

____

____

____

____

K. Jefferys-Duden: Das neue Streitschlichterprogramm, Trainingsheft
© Persen Verlag GmbH, Buxtehude

Aktives Zuhören

Aktives Zuhören ist mehr als konzentriertes Zuhören; es ist das aktive Bemühen um Verständnis für eine Person.

Ein Zuhörer zeigt sein Interesse am Gesprächspartner auf unterschiedliche Weise.
Überlege, woran du als Erzähler bei einem Gesprächspartner aktives Zuhören im Vergleich zu beiläufigem, flüchtigen Zuhören erkennst. Notiere die Verhaltensweisen, die aktives Zuhören andeuten:

Kontrollierter Dialog

In Dreiergruppen sollt ihr zunächst einmal konzentriertes Zuhören trainieren. Eine Person übernimmt die Rolle des Erzählers, eine weitere die des Zuhörers, die dritte ist Beobachter. Sucht euch ein Thema, zu dem man spontan etwas erzählen kann, z. B. „Was ich am Wochenende höchst ungern mache“. Der Erzähler beginnt. Von Zeit zu Zeit fasst der Zuhörer zusammen, was er verstanden hat. Der Beobachter erinnert, wenn jemand die Zusammenfassung vergessen sollte. Nach ein paar Minuten wechselt ihr die Rollen: Der Zuhörer wird Erzähler, der Beobachter wird Zuhörer, der Erzähler wird zum Beobachter. In einem dritten Durchgang übernimmt jeder die noch fehlende Rolle. Nach jedem Durchgang gibt der Beobachter Rückmeldung darüber, welche Merkmale aktiven Zuhörens schon verwirklicht worden sind (bezüglich Blickkontakt, Körperhaltung, Mimik, kurzen Rückmeldungen, Fragen usw.).

Was mir beim Zuhören leicht oder schwerfällt:

Eine helfende Person muss aktiv zuhören, sich also bemühen, die andere Person zu verstehen. Das aktive Zuhören muss deutlich gezeigt werden, und zwar nicht nur schweigend durch Blickkontakt und interessierten Gesichtsausdruck oder „hm, hm“, sondern indem der Zuhörer auf die Sorgen (oder auch Freuden) des Erzählers mit Fragen oder passenden Äußerungen eingeht. Der aktive Zuhörer fängt nicht an, von eigenen Erfahrungen zu erzählen, denn diese würden vom Anliegen der Hilfe suchenden Person ablenken. Er gibt auch keine Ratschläge.

© Persen Verlag GmbH, Buxtehude

Übungen zum aktiven Zuhören

a) Einzelarbeit
Stell dir vor, die folgenden Personen teilen dir mit, was ihnen gerade passiert ist. Versuche, auf ihre Äußerungen einzugehen, sodass sich der jeweilige Erzähler verstanden fühlt und wahrscheinlich bereit ist weiterzusprechen. Schreibe in die Leerzeilen, was du als aktiver Zuhörer sagen würdest.

b) Partnerarbeit
Lest die Situationen mit verteilten Rollen: Erzähler und aktiver Zuhörer. Der Erzähler teilt anschließend mit, ob er sich vom Zuhörer verstanden fühlte. Für das jeweils nächste Beispiel wechselt die Rollen.

1. Ich stand schon ganz lange am Verkaufsstand, um mir ein Brötchen zu kaufen und wäre als Nächste dran gewesen. Da kam der Dennis und rempelt mich an und sagt: *"Lass mich vor, ey!"* Mein Geld flog mir aus der Hand und meine Schulter tat weh. Vor Wut hab ich ihn geboxt, aber das hat der gar nicht gemerkt.

___

2. Alex wollte mein neues Fahrrad mal ausprobieren. Ich wollte erst nicht. Aber dann hat er gesagt, ich wär doch sein Freund und er wollte ja nur mal kurz um den Block fahren. Ich hab nachgegeben, und dann kam er überhaupt nicht wieder. Das war gestern nach der Schule. Ich wollte schon zu Hause anrufen, weil ich dachte, das Fahrrad wär weg. Da kommt er mit dem Fahrrad angeschoben und sagt: *„Plattfuß!“*. Heute musste ich zu Fuß los!

___

3. Ich musste an die Tafel, um was vorzurechnen. Erst ging es ganz leicht, aber dann kam ich nicht mehr weiter und musste mich setzen. Auf dem Weg zu meinem Platz muss ich immer an Diana vorbei. Da schneidet die zu mir eine Fratze und sagt: *„Blödmann“.* Da bin ich aber ausgerastet und hab sie an den Haaren gezogen, und zwar kräftig, dass sie schrie. Natürlich bin ich mal wieder bestraft worden, aber das kriegt sie wieder.

___

4. Ich hab Erwin mein schönstes Comic-Heft geliehen, weil er es unbedingt haben wollte und mir versprochen hat: *„Nur für einen Tag.“* Am nächsten Tag hatte er's vergessen und am nächsten wieder. Da bin ich zu ihm nach Hause gefahren und wollte es mir abholen. Er hatte aber schlechte Laune und wirft es mir vor die Füße. Mein Heft hat jetzt einen Riss und ist ganz zerknittert. Das wird er mir ersetzen, sonst passiert was!

___

© Persen Verlag GmbH, Buxtehude

Türöffner und Türknaller

Angehende Streitschlichter praktizieren aktives Zuhören, weil sie die Konfliktparteien verstehen wollen. Wenn sich Konfliktparteien angenommen fühlen, sind sie eher in der Lage, das Anliegen der anderen Seite wahrzunehmen und eigene Fehler zu erkennen. Das ist eine Voraussetzung dafür, faire Lösungen für den Konflikt zu finden.

Manchmal ist das Anliegen anderer Leute schwer nachzuvollziehen. Streitschlichter werden sich fragen, worüber sich eine Konfliktpartei eigentlich aufregt, warum sie ihr Fehlverhalten nicht erkennt; vielleicht finden sie ihr Verhalten sogar unmöglich. Dennoch können Streitschlichter eine Person nicht kritisieren, verurteilen oder ihr Anliegen gering schätzen. Im Gegenteil, Streitschlichter müssen versuchen, die Konfliktparteien zum Sprechen zu ermuntern und zum Weitererzählen zu ermutigen. Dazu dienen „Türöffner“, also Äußerungen, die anderen Personen das Sprechen erleichtern. Belehrende, kritisierende und urteilende Äußerungen nennen wir im Gegensatz dazu „Türknaller“, weil sie die andere Person vor den Kopf stoßen.

Türöffner und Türknaller – Einzelarbeit

Die folgende Sammlung von Streitschlichter-Äußerungen enthält Türöffner und Türknaller.
a) Markiere die Türöffner farbig.
b) Schreibe hinter die Türknaller den genauen Fehler, z. B. belehrend, kritisierend, ablenkend.
c) Formuliere die Türknaller um, sodass Türöffner daraus werden. Deine Vorschläge kannst du mit denen eines Partners vergleichen.

1. *Darüber hast du dich so geärgert, dass du ausgerastet bist.* ______
2. *Du wolltest ihn eigentlich nicht angreifen.* ______
3. *Wie konntest du das nur tun?* ______
4. *Du bist immer noch traurig darüber.* ______
5. *Wenn du was kaputt machst, musst du es aber bezahlen.* ______
6. *Jetzt hast du aber genug gejammert.* ______
7. *Erzähle, wie kam es dazu?* ______
8. *Dafür werdet ihr bestimmt eine Lösung finden.* ______
9. *Dein Wutausbruch tut dir jetzt eigentlich leid.* ______
10. *Du machst dir Sorgen, dass wir etwas weitererzählen könnten.* ______
11. *Du wusstest nicht mehr weiter.* ______
12. *Jetzt reiß dich mal zusammen.* ______
13. *Brauchst du eine kleine Pause, um dich zu erholen?* ______
14. *Ich glaube, du musst mal zu unserem Sozialarbeiter.* ______
15. *Es ist sehr mutig von dir, deinen Fehler zuzugeben.* ______
16. *Wenn dir das noch mal passiert, kriegst du vielleicht eine Klassenkonferenz.* ______
17. *Da hast du aber ganz schön angegeben.* ______
18. *Du hast dir nichts weiter dabei gedacht und warst dann sehr erschrocken.* ______
19. *Das hab ich auch schon mal erlebt.* ______
20. *Du verhältst dich wie ein Baby.* ______
21. *Du wolltest sie beeindrucken, aber es kam ganz anders.* ______

K. Jefferys-Duden: Das neue Streitschlichterprogramm, Trainingsheft
© Persen Verlag GmbH, Buxtehude

5. Streitschlichtung

Grundsätze

In der Einleitung habt ihr bereits erfahren, was Streitschlichtung ist, woher sie kommt und was ihr Ziel ist. Jetzt geht es um die Grundlagen der Streitschlichtung. Ihr Teilnehmer werdet die Grundsätze, Regeln und den Ablauf der Streitschlichtung genau kennenlernen und das entsprechende Verhalten einüben.

Freiwilligkeit

Streitschlichtung ist ein Gespräch zwischen Konfliktparteien. Geleitet wird dieses Gespräch von ein oder zwei Streitschlichtern oder Mediatoren. Stell dir vor, du hättest einen Streit mit einem Mitschüler. Stell dir weiter vor, euer Klassenlehrer oder Schulleiter hätte von diesem Streit erfahren, weil ihr euch lautstark beschimpft habt. Lehrer oder Schulleiter würden euch daraufhin eine Streitschlichtung verordnen.

Schreibe in die Sprechblase,
was du dazu denken
oder sagen würdest.

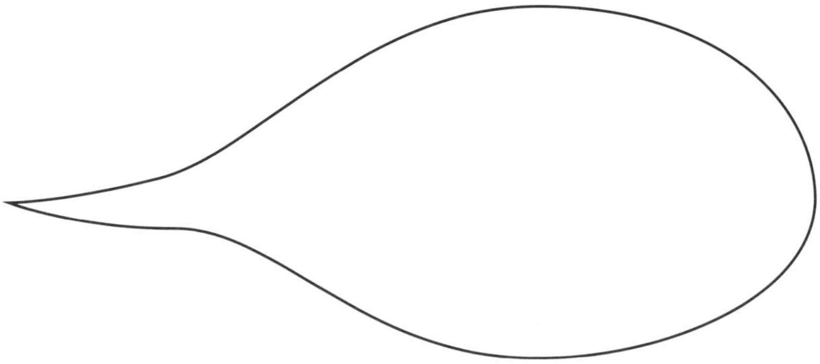

Wahrscheinlich ist dir klar, dass man jemand anderen nicht zum Reden zwingen kann. Beide Konfliktparteien müssen bereit sein, miteinander zu sprechen. Wenn sie ihren Streit nicht besprechen oder nicht lösen wollen, kann man sie nicht dazu verdonnern. Falls sie einen Schaden angerichtet haben, können Lehrer oder Schulleiter sie allerdings zum Schadenersatz verpflichten oder sie bestrafen. Eine disziplinarische Maßnahme ist etwas anderes als Streitschlichtung.

Eine Streitschlichtung wirst du einer Konfliktpartei niemals aufzwingen. Du kannst aber versuchen, die Konfliktparteien für die Streitschlichtung zu gewinnen. Dazu ist es notwendig zu verstehen, warum manche Streitenden eine Streitschlichtung ablehnen. Schreibe einige Gründe auf:

____

____

Ergänze deine Sammlung nach einem Erfahrungsaustausch mit mindestens drei anderen Teilnehmern.

____

____

____

© Persen Verlag GmbH, Buxtehude

In welchen Fällen würdest du versuchen, Streitende für die Streitschlichtung zu gewinnen?

____

____

Wie würdest du das tun?

____

____

____

____

In Rollenspielen kannst du mit zwei oder drei Mitspielern verschiedene Vorgehensweisen ausprobieren und auf ihre Wirkung überprüfen. Natürlich müssen sich nicht alle Streitenden sofort zu einer Streitschlichtung entschließen, weil es auch gute Gründe geben kann, darauf zu verzichten, z. B., wenn es um Kleinigkeiten geht, die schnell vergessen sind. Von Streitschlichtern angesprochen zu werden kann den Streitenden auch helfen, wenn keine Schlichtung stattfindet, z. B. dadurch, dass sie von ihrem Streit abgelenkt werden oder ihn selbst lösen möchten. In einigen Schulen gehen Streitschlichter in den Pausen aktiv auf streitende Schüler zu und fragen (behutsam), ob sie Ärger miteinander haben und ob sie eine Streitschlichtung wünschen.

Nicht selten kommt es vor, dass eine Konfliktpartei eine Streitschlichtung wünscht – z. B. weil die Situation sie belastet – und die andere Partei dazu keine Lust hat. Auch in solchen Fällen kannst du auf die unmotivierte Person zugehen und versuchen, sie von einer Streitschlichtung zu überzeugen.

K. Jefferys-Duden: Das neue Streitschlichterprogramm, Trainingsheft
© Persen Verlag GmbH, Buxtehude

Vertraulichkeit

Stell dir vor, du hattest mit einem Freund oder einer Freundin einen heftigen Streit. Jemand gab dir den Rat, es mit einer Streitschlichtung zu versuchen. Nach anfänglichen Bedenken habt ihr euch überwunden und tatsächlich einen guten Kompromiss gefunden, obwohl die Streitschlichtung nicht einfach war, weil einer von euch einen Wutanfall bekam und der andere anfing zu weinen. Nach ein paar Tagen spricht dich jemand aus deiner Klasse auf den Wutanfall an. Dieser Klassenkamerad hat mit Streitschlichtung gar nichts zu tun, ist aber mit einem Streitschlichter befreundet.

Was denkst, sagst oder tust du?

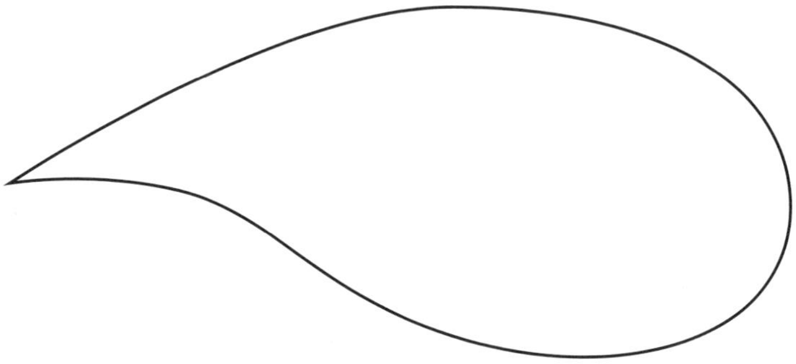

Was in der Streitschlichtung gesprochen wird, ist vertraulich. Auch wenn du von Freunden oder Lehrern gefragt wirst, kannst du nur allgemeine Auskünfte über Streitschlichtung geben oder sie an deine Betreuer verweisen. Über Personen und ihre Konflikte darfst du nichts erzählen, weil du sonst dein Vertrauen als Streitschlichter verspielst. Neugierige Freunde oder Klassenkameraden musst du öfter darauf hinweisen. Eine Ausnahme bilden eure Betreuer. Mit ihnen sollt ihr selbstverständlich über schwierige Schlichtungssituationen sprechen, um weitere Schritte einzuleiten, wenn nötig. Vertraulichkeit hat eine Grenze, wenn gegen ein Gesetz verstoßen wurde. In solchen Fällen müssen eure Betreuer den Fall übernehmen.

Vertraulichkeit in der Streitschlichtergruppe

Habt ihr beim Entwurf eurer Regeln für den Umgang in der Streitschlichtergruppe (S. 12) auch daran gedacht, dass persönliche Informationen über einzelne Mitglieder ebenfalls vertraulich sind? Falls nicht, könnt ihr diese Regel noch ergänzen und euch an ihre Einhaltung gegenseitig erinnern.

© Persen Verlag GmbH, Buxtehude

Unparteilichkeit

Jede Konfliktpartei hätte gern eine Bestätigung ihres Standpunktes durch andere Personen *(Siehst du, andere sehen es ganz genauso!)*. Eine Bestätigung würde ihre Position stärken und die der anderen Konfliktpartei schwächen. Damit wäre der Konflikt aber nicht gelöst. Im Gegenteil, mehr Personen würden in den Konflikt einbezogen und seine Lösung erschweren.
Deshalb ergreifen Streitschlichter keine Partei und lassen sich nicht auf eine Seite ziehen. Eine unparteiische Haltung ist besonders schwierig, wenn Freunde oder Verwandte in den Konflikt verwickelt sind, weil sie eine bevorzugte Behandlung erwarten. In solchen Fällen werdet ihr die Streitschlichtung nicht übernehmen, sondern andere Streitschlichter finden.

Auch wenn Streitschlichter und Konfliktpartei nicht miteinander befreundet sind, ist faires Verhalten gegenüber beiden Konfliktparteien keine Selbstverständlichkeit. Welche Auswirkungen mag unfaires Verhalten haben? Denke an deine eigenen Erfahrungen.

In welchen Situationen bist du unfair behandelt worden?

____

____

____

____

____

Was hast du gedacht, gefühlt, getan?

Kein Mensch lässt sich gern ungleich oder ungerecht behandeln. Wer unfair behandelt wird, fühlt sich mit Recht diskriminiert. Menschen, die uns unfair behandeln, versuchen wir zu meiden. Meistens behalten wir sie in schlechter Erinnerung.

Woran kannst du erkennen, dass jemand sich dir gegenüber nicht fair verhält, sondern eine andere Person bevorzugt? Schreibe einige Merkmale auf.

____

____

____

____

K. Jefferys-Duden: Das neue Streitschlichterprogramm, Trainingsheft
© Persen Verlag GmbH, Buxtehude

Als Streitschlichter möchtest du alle Verhaltensweisen vermeiden, die einer Konfliktpartei das Gefühl vermitteln könnten, sie würde von dir unfair behandelt. Stattdessen achtest du darauf, dass du beide Konfliktparteien ungefähr gleich lang und gleich freundlich ansiehst, ihnen beiden mit gleichem Interesse zuhörst, ihnen beiden die gleiche Chance gibst, sich zu erklären. Du achtest auch darauf, zu beiden Personen ungefähr den gleichen Abstand zu halten.

Dieses gleichmäßige, ausgewogene Verhalten ist nicht einfach, besonders, wenn man eine unsympathische Person vor sich hat. Welche Merkmale eines Menschen sind dir sympathisch, welche unsympathisch? Schreibe möglichst viele auf.

Sympathisch

Unsympathisch

Jetzt beschreibe dich selbst mit einigen Eigenschaften.

Vergleiche deine Eigenschaften mit denen einer sympathischen und einer unsympathischen Person. Ich gehe davon aus und hoffe auch, dass du dich hauptsächlich mit positiven Eigenschaften beschrieben hast, die einer sympathischen Person ähneln. Es kann aber auch sein, dass du dir ehrlicherweise auch unangenehme Eigenschaften zuschreibst. Andere Personen mit den gleichen „Schwächen" werden dir vertraut und nicht ganz unsympathisch sein.

> Personen, die uns ähnlich sind, finden wir oft sympathischer als solche, die ganz anders sind. Deswegen ist es wichtig, sich mit Personen, die anders sind, verstärkt zu befassen.

© Persen Verlag GmbH, Buxtehude

Allparteilichkeit

Kein Mensch kann sich vollkommen neutral verhalten (auch Richter nicht), weil alle Menschen ganz spontan Ähnlichkeit und Andersartigkeit wahrnehmen, Sympathie und Antipathie empfinden. Alle Personen, die Verantwortung für andere tragen, müssen sich aber um ein ausgewogenes, faires Verhalten bemühen. Als Streitschlichter trägst du auch schon etwas Verantwortung. Weil absolute Neutralität kaum möglich ist, spricht man in der Streitschlichtung von Allparteilichkeit.
Allparteilichkeit heißt, dass sich Streitschlichter für beide oder alle Konfliktparteien so gut wie möglich einsetzen und kann bedeuten, dass sie vorübergehend eine Partei unterstützen müssen und später die andere.

Stell dir vor, du hast in der Streitschlichtung eine Konfliktpartei, die sich sehr gut ausdrücken kann. Du kannst ihren Standpunkt sofort verstehen und nachempfinden. Die andere Person ist wortkarg und unwirsch. Nach dem Konflikt befragt, äußert sie einen halben Satz und verfällt in Schweigen oder fängt an zu schimpfen. Ihr Standpunkt ist schwer nachvollziehbar, ihr Verhalten möglicherweise abschreckend. Was wirst du tun?

Manche Menschen brauchen mehr Unterstützung als andere. Sie können sich nicht gut erklären, sind schlecht gelaunt oder verschlossen und schauen uns möglicherweise gar nicht an. Für eine solche Konfliktpartei müssen wir, um sie zu verstehen, mehr Zeit und Energie aufwenden als für die andere Konfliktpartei. Unser Verhalten ist nicht ausgewogen. Ist es fair, einer schwierigen Konfliktpartei wesentlich mehr Aufmerksamkeit zu widmen als einer anderen, die sich selbst besser vertreten kann? Einige dich mit einem Gesprächspartner auf eine gemeinsame Antwort.

Keine Schuldzuweisung

Streitschlichter urteilen nicht, wer mehr oder weniger Schuld auf sich geladen hat oder wer den Streit begonnen hat. Sie enthalten sich einer Bewertung. Ihr Ziel ist es, dass die Streitparteien den Standpunkt des jeweils anderen verstehen und eine für beide faire Lösung finden. Wenn sie sich an die Regeln und den Ablauf halten und sich ihre Vorurteile bewusst machen, ist das nicht allzu schwer.

Lerntagebuch

K. Jefferys-Duden: Das neue Streitschlichterprogramm, Trainingsheft
© Persen Verlag GmbH, Buxtehude

Regeln und Ablauf der Streitschlichtung

Ziel der Streitschlichtung ist es, dass die Konfliktparteien eine faire Lösung finden, mit der beide Seiten zufrieden sind. Voraussetzung für eine faire Lösung ist, dass die Konfliktparteien nicht nur ihren eigenen Standpunkt sehen, sondern auch den Standpunkt der anderen Seite verstanden haben. Um eine Verständigung und schließlich gute Konfliktlösung zu erreichen, sind folgende Schritte nötig:

1. Einleitung der Streitschlichtung:
   Die Streitschlichter stellen sich vor und erklären Ziel, Regeln und Ablauf der Streitschlichtung.

Regeln:

- Ausreden lassen
- Höflich sprechen
- Fehler ehrlich zugeben

2. Austausch der Standpunkte:
   Die Konfliktparteien beschreiben und begründen nacheinander ihre Standpunkte.

3. Wiedergabe der Standpunkte:
   Die Konfliktparteien tauschen ihre Position und geben den Standpunkt des jeweils anderen wieder.

4. Lösungssuche:
   Die Konfliktparteien sammeln Lösungen für ihr Problem.

5. Abkommen:
   Die Konfliktparteien einigen sich auf eine oder mehrere Lösungen.
   Die Streitschlichter halten das Abkommen schriftlich fest.

6. Erfolgskontrolle:
   Die Streitschlichter fragen einige Tage später nach, ob das Abkommen eingehalten wurde.

Einleitung der Streitschlichtung

Mit deiner Einleitung machst du die Konfliktparteien mit Ziel, Ablauf und Regeln der Streitschlichtung vertraut. Das ist besonders für solche Schüler notwendig, die noch wenig über Streitschlichtung wissen oder etwas ängstlich sind. Wenn die Streitparteien von ihrer Auseinandersetzung noch aufgeregt sind, ist das eine Phase, in der sie sich beruhigen können. Sie hören euch zu und müssen noch nicht viel sprechen. Umso wichtiger ist es, dass ihr langsam und deutlich sprecht und Pausen einlegt, damit Fragen gestellt werden können.

Versetze dich in die Lage einer Streitpartei, die noch nicht viel über Streitschlichtung weiß und etwas Angst hat. Was möchte sie erfahren?

Ergänze deine Vorstellungen durch die Vorschläge von 2 bis 3 Teilnehmern.

Deine Einleitung sollte nicht zu lang und nicht zu kurz sein und die wichtigsten Informationen enthalten. Die Einleitung endet mit der Frage, ob die Konfliktparteien bereit sind, die Regeln der Streitschlichtung einzuhalten: ausreden lassen, höflich sprechen, Fehler ehrlich zugeben. In Zweiergruppen trägt jeder einmal seine Einleitung vor. Der Zuhörer gibt anschließend Rückmeldung darüber, wie diese Einleitung gewirkt hat.
Schreibe deine Einleitung wörtlich auf, wenn du noch unsicher bist. Wenn du sie schon frei vortragen kannst, können dir einige Stichwörter helfen.

K. Jefferys-Duden: Das neue Streitschlichterprogramm, Trainingsheft
© Persen Verlag GmbH, Buxtehude

Simulation der Einleitungsphase

Jetzt könnt ihr den Beginn einer Streitschlichtung bereits simulieren, d. h. so tun, als sei es ernst. Dieser Durchgang findet in Vierergruppen statt. Zu diesem Zweck rückt bitte die Tische so zurecht, wie ihr sie in einer Streitschlichtung haben möchtet. Berücksichtigt dabei, dass Personen, die in einen Konflikt verwickelt sind, nicht gern dicht nebeneinander sitzen. Sie sollten sich auch nicht frontal gegenüber sitzen, weil sie sich dann die meiste Zeit ins Gesicht blicken müssen. Am besten sitzen sie im rechten Winkel zueinander und ihr Streitschlichter ebenfalls. So können sich alle sehen und besser miteinander reden. Zeichne günstige Sitzordnungen:

Nachdem ihr die Tische und Stühle zurechtgerückt habt, könnt ihr mit dem Rollenspiel beginnen. Zwei Personen übernehmen die Rolle der Streitschlichter und einigen sich, wer mit der Einleitung beginnt und wer ergänzt. Die beiden anderen hören mit den Ohren der Konfliktparteien zu. Sie geben anschließend eine Rückmeldung darüber, wie die Einleitung und die ganze Atmosphäre auf sie gewirkt haben. Dann werden die Rollen getauscht.

© Persen Verlag GmbH, Buxtehude

Austausch der Standpunkte

Nach der Einleitung geht es um die Aussprache über den Streit. Beide Konfliktparteien sollen ausreichend Zeit haben, ihre Sichtweise zu beschreiben. Diese Phase könnt ihr mit Fragen einleiten, wie z. B.: *„Was ist vorgefallen?“* oder *„Worum geht es bei eurem Streit?“*

Wer soll beginnen?

Weil nicht beide Parteien gleichzeitig reden können, solltet ihr fragen, wer beginnen möchte. Wenn einer sich meldet, fragt den anderen, ob er mit der Reihenfolge einverstanden ist. Falls sich beide darum streiten sollten, wer zuerst sprechen kann – was selten vorkommt –, könnt ihr eine Münze werfen. Sinnvoller ist aber die Frage, wer von beiden trauriger oder wütender ist. Wahrscheinlich ist die weniger betroffene Person damit einverstanden, dass die andere anfangen darf.

In dieser Phase müssen die Streitschlichter besonders aktiv zuhören, denn sie wollen die Standpunkte beider Seiten verstehen und bei der Verständigung helfen. Sie müssen Fragen stellen und paraphrasieren, also wiedergeben, was gesagt wurde.

- Wenn eine Konfliktpartei sehr viel spricht, müssen sie von Zeit zu Zeit unterbrechen. *(„Lass uns erst mal zusammenfassen, was du bisher gesagt hast.“)*
- Wenn die Streitschlichter nicht ganz sicher sind, ob sie etwas richtig verstanden haben, fragen sie nach. *(„Habe ich dich richtig verstanden, dass ...“)*
- Wenn sie eine Person überhaupt nicht verstehen, können sie vorschlagen, den Streit aufzuzeichnen oder vorzuspielen. *(„Mach uns das mal vor.“)*
- Wenn eine Konfliktpartei sehr wenig spricht, müssen sie viel mehr Fragen stellen. Auch diese Informationen fassen die Streitschlichter zusammen.
  („Wie fing es an? Was geschah dann? Was hast du gemacht? Was hat der andere gemacht? Was war noch? Was hast du gedacht? Wie hast du dich gefühlt?“)

Wenn eine Person fürs Erste zu Ende gesprochen hat, kommt die andere an die Reihe usw. Die Konfliktparteien werden wahrscheinlich mehrfach sprechen wollen, weil sie mit dem, was der andere sagt, nicht immer einverstanden sind. Sie dürfen natürlich widersprechen, aber sie dürfen nicht beleidigen. In solchen Fällen müsst ihr an die Regel erinnern oder ihr müsst die Abwertung umformulieren, sodass eine Beschreibung daraus wird.

Vertiefung der Standpunkte

Konfliktparteien sollen sogar mehr als ihren Standpunkt äußern. Um Lösungen zu finden, welche die Interessen beider Parteien berücksichtigen, ist es wichtig, die Interessen und Bedürfnisse der Konfliktparteien zu erfahren. Die Konfliktparteien sollen begründen,

- warum sie sich geärgert haben,
- warum sie enttäuscht sind und
- warum ihnen eine Sache so wichtig ist.

Diese Fragen regen die Konfliktparteien dazu an, auch über ihre Gefühle und darüber, was diese Gefühle ausgelöst hat, zu sprechen. Die Antworten auf diese Fragen helfen der jeweils anderen Konfliktpartei und den Streitschlichtern zu verstehen, was die betreffende Person verletzt hat und mit welchen Lösungen ihr geholfen werden kann.

© Persen Verlag GmbH, Buxtehude

Wiedergabe der Standpunkte

Wenn die Standpunkte beider Konfliktparteien ausreichend besprochen wurden – beide Seiten wissen nichts mehr zu sagen oder wiederholen sich –, sollen die Konfliktparteien den Standpunkt und die Gefühle des jeweils anderen wiedergeben. Dazu sollen sie ihre Sitzplätze tauschen und sich in die Person des anderen hineinversetzen. Diese Wiedergabe können sie z. B. folgendermaßen einleiten:

„Also du, ... (Name), siehst die Sache so, dass ... und du hast dich ... gefühlt."

Warum sollen Konfliktparteien den Standpunkt des anderen, den sie vielleicht für falsch halten, wiedergeben? – Damit sie sich besser in die andere Person hineindenken und einfühlen können.
Plötzlich sehen sie den Konflikt aus der anderen Sicht, sie wechseln die Perspektive. Dadurch können sie besser erkennen, warum sich der andere in einer bestimmten Weise verhalten hat und wie ihr eigenes Verhalten auf den anderen gewirkt hat.
Der Perspektivenwechsel verhilft ihnen zu einem besseren gegenseitigen Verständnis und in der Folge zu besseren Lösungen.
Lasst diesen Schritt in der Streitschlichtung auf keinen Fall aus, sondern unterstützt die Konfliktparteien dabei.

Lösungssuche

Die Konfliktparteien haben sich in die jeweils andere Person hineinversetzt und zu diesem Zweck sogar ihre Plätze getauscht. Diese Plätze können sie ruhig beibehalten. Jetzt dürfte es ihnen leichter fallen, Vorschläge zur Lösung ihres Problems zu sammeln.
Zunächst sollen sie jedoch (noch einmal) sagen, was sie sich von der anderen Seite wünschen oder was sie von ihr erwarten. Hier sind Ich-Botschaften gefragt. Diese geäußerten Wünsche oder Erwartungen werden den Konfliktparteien dabei helfen, zu Lösungsvorschlägen zu kommen. Sie können sich nämlich überlegen, ob sie auf die Wünsche des anderen eingehen können. Wenn z. B. eine Konfliktpartei äußert: *„Ich möchte, dass du meinen Zirkel ersetzt"*, kann die andere überlegen, ob sie diesen Wunsch ganz oder zum Teil erfüllen kann und schlägt z. B. vor: *„Den Zirkel kann ich dir nicht bezahlen, aber mein Bruder könnte ihn reparieren."*
Ihre Erwartungen und ihre Angebote können die Konfliktpartei auf Zettel oder Karten schreiben, und zwar nur einen Vorschlag auf jeden Zettel. Sie sollen sich bemühen, mehrere Vorschläge zu machen, damit sie anschließend eine Auswahl haben und auf jeden Fall eine gute Lösung finden.

Grundsätzlich halten Streitschlichter sich mit Lösungsvorschlägen zurück, um den Konfliktparteien diese wichtige Arbeit nicht abzunehmen. Wenn es die Konfliktparteien allerdings wünschen, können auch die Streitschlichter Vorschläge einbringen *(„Sollen wir auch ein paar Ideen aufschreiben?")*.

Sortieren der Lösungsvorschläge

Nachdem Vorschläge aufgeschrieben wurden und keine weiteren Einfälle mehr kommen, lesen die Streitschlichter alle Karten vor und beobachten die Reaktionen der Konfliktparteien. Eine protestierende Konfliktpartei können sie beruhigen *(„Das sind doch nur Vorschläge und noch keine Entscheidungen!“)*. Falls ein Vorschlag die Stimmung für die weitere Zusammenarbeit verdirbt, drehen die Streitschlichter die Anstoß erregende Karte zunächst um.
Die übrigen Karten werden sortiert: Eine Spalte enthält die Angebote für Konfliktpartei A, die andere Spalte die Angebote für Konfliktpartei B. Ähnliche Vorschläge liegen zusammen, gleiche übereinander. Die Vorschläge der Streitschlichter und die der Konfliktparteien werden natürlich gleich behandelt. Sei nicht enttäuscht, wenn deine Ideen nicht angenommen werden, denn eigentlich sind die Konfliktparteien selbst für ihre Lösungen zuständig. Die wichtigste Aufgabe der Streitschlichter ist es zu prüfen, ob die Vorschläge zu guten Lösungen führen, verbessert oder kombiniert werden können.

Für ... (Konfliktpartei A)

Für ... (Konfliktpartei B)

Interessengegensätze überbrücken

Falls die Konfliktparteien so unterschiedliche Vorstellungen haben, dass sie auf keinen gemeinsamen Nenner kommen, müssen die Streitschlichter versuchen, die Interessengegensätze zu überbrücken, indem sie z. B. einige der folgenden Fragen aufwerfen:

- Lässt sich ein Schaden selbst reparieren?
- Was kostet Ersatz, Reinigung oder Reparatur?
- Wo können wir uns Hilfe beschaffen?
- Ist das ein Fall für die Versicherung?
- Wie kann man eine psychische Verletzung wieder gutmachen?
- Ein kleines Geschenk?
- Ein Gefallen?
- Habt ihr noch mehr Ideen?
- Kann die andere Seite etwas Gleichwertiges anbieten?
- Lassen sich zwei Vorschläge miteinander verbinden?
- Können beide ein Zugeständnis machen?

K. Jefferys-Duden: Das neue Streitschlichterprogramm, Trainingsheft
© Persen Verlag GmbH, Buxtehude

Abkommen

Nachdem die Konfliktparteien sich für eine oder sogar mehrere Lösungen entschieden haben, halten die Streitschlichter diese in einem Abkommen schriftlich fest. Dafür gibt es einen Vordruck. Vorher prüfen die Streitschlichter noch einmal, ob die Vereinbarung wirklich gut ist.

Gute Konfliktlösungen …

- lösen das Problem. Sie machen z. B. den Schaden wieder gut, nehmen die Beleidigungen zurück, stellen das gegenseitige Vertrauen wieder her, so gut es eben geht.
- sind ausgewogen. Die Interessen beider Parteien werden gleichermaßen berücksichtigt; beide tragen zur Lösung bei.
- sind eindeutig, sodass jeder weiß, was er zu tun und zu erwarten hat.

Rollenspiele

Beim nächsten Rollenspiel einer Streitschlichtung in Vierergruppen sollt ihr die Vereinbarung in das Formular eintragen. Anschließend vergleicht ihr die Abkommen aller Gruppen und prüft, ob es wirklich gute Konfliktlösungen sind.

Vorschläge für Rollenspiele:

Anja hat ihrer Klassenkameradin Svenja ihren teuren grafischen Taschenrechner ausgeliehen. Als sie ihn braucht, muss sie Svenja dreimal bitten, ihn mitzubringen. Schließlich erhält sie ihn mit leeren Batterien und einer dicken Schramme zurück und fordert wütend einen neuen Rechner.

Alf legt seinem Freund Ulf 15,- Euro aus, als dieser sich im Laden eine CD kaufen will und kein Geld dabei hat. Seit drei Wochen wartet er schon auf sein Geld. Als er Ulf zum dritten Mal um die Rückgabe des Geldes bittet, antwortet dieser, er hätte es nicht und die CD wäre auch weg.

Schlusswort

Wenn das Abkommen umfangreich ist, könnt ihr für beide Konfliktparteien eine Kopie anfertigen, damit die Einzelheiten nicht in Vergessenheit geraten. Das Original heftet ihr in eurem Ordner ab. Gleichzeitig kündigt ihr an, dass ihr die Konfliktparteien nach ein paar Tagen kurz sprechen möchtet, um zu sehen, ob sie die Vereinbarung eingehalten haben, ob ihnen die Streitschlichtung weitergeholfen hat oder ob weitere Gespräche notwendig sind. Auch diese Erfolgskontrolle ist freiwillig; sie wird in den meisten Fällen nur kurz dauern. Weil die Konfliktparteien diesen zusätzlichen Termin vielleicht vergessen werden, könnt ihr fragen, wo ihr die beiden z. B. in der Pause finden könnt.
Zuletzt möchtet ihr den Konfliktparteien danken, z. B. für ihren Mut, zur Streitschlichtung zu kommen oder für ihre gute Mitarbeit. Ein Lob wird ihnen bestimmt guttun.

© Persen Verlag GmbH, Buxtehude

Abkommen

Datum: ____________

Anmelder/Anmeldegrund ______________________________________

____

____

Abkommen (wer tut was bis wann?): ______________________________

____

____

Unterschriften:

Konfliktpartei: ______________________ Kl.: __________

Konfliktpartei: ______________________ Kl.: __________

Schlichter: ______________________ Kl.: __________

Schlichter: ______________________ Kl.: __________

Nachfrage Datum: ____________

Wurde das Abkommen eingehalten? Ja ❑ Nein ❑

Welche Probleme gibt es noch? ______________________________

____

Wird eine weiteres Gespräch gewünscht? Ja ❑ Nein ❑

Termin: ______________________________________

© Persen Verlag GmbH, Buxtehude

Erfolgskontrolle

Das Formular für das Abkommen kann auch für die Erfolgskontrolle eingesetzt werden. Die Streitschlichter nehmen dieses Formular mit zu ihrer kurzen Befragung der Konfliktparteien und machen sich Notizen.

Wenn die Konfliktparteien ihren Streit bereits vergessen haben, werden sie über euren Besuch überrascht sein. Die meisten werden berichten, dass ihr Streit mehr oder weniger gelöst ist. Das muss nicht bedeuten, dass die Konfliktparteien bestens miteinander auskommen oder sich angefreundet haben. Ziel der Streitschlichtung ist es allerdings nicht, Freundschaften zu stiften, sondern Konflikte so zu lösen, dass die Parteien wieder miteinander zurechtkommen, also zum Beispiel wieder zusammen arbeiten oder reden können. Manche Konfliktparteien werden mit der anderen Seite weiterhin nicht zufrieden sein, aber keinen Anlass für ein weiteres Gespräch sehen. In allen Fällen können die Streitschlichter daran erinnern, dass sie weitere Gespräche anbieten, wenn sich die Situation verschlechtert.

Nur manchmal berichtet eine Konfliktpartei, dass ein Teil des Abkommens nicht eingehalten wurde. Streitschlichter sollten die Gründe feststellen und fragen, ob das Versäumnis nachgeholt werden kann. Verschiedene Gründe lassen sich finden, z. B.:

1.) Die Einhaltung des Abkommens wurde vergessen.
2.) Ein Teil des Abkommens wurde als nicht wichtig angesehen.
3.) Nachträglich sah eine Konfliktpartei nicht ein, warum sie ihren Beitrag zum Abkommen leisten sollte.

Im letzten Fall sollte ein neuer Termin vereinbart werden, weil eine Konfliktpartei mittlerweile mit dem Ergebnis der Streitschlichtung nicht mehr zufrieden ist. Möglicherweise sind ihr – unter dem Einfluss von Eltern oder Freunden – Zweifel aufgekommen, ob sie fair behandelt wurde.

Das zweite Schlichtungsgespräch leitet mit dem genannten Problem ein *(„Einer von euch war mit dem Abkommen nicht zufrieden und sollte noch einmal erklären, wie er die Sache sieht.“)*. Natürlich muss auch die andere Konfliktpartei dazu Stellung nehmen können. Weiter verläuft dieses Gespräch nach den Schritten der Streitschlichtung. Es kann und sollte zu einem neuen, veränderten Abkommen führen, für das wiederum eine Erfolgskontrolle durchgeführt wird.

Lerntagebuch

© Persen Verlag GmbH, Buxtehude

Schwierige Streitschlichtungen

Die im Folgenden aufgeführten Schwierigkeiten kommen zum Glück nur selten vor. Dennoch ist es gut, auf Ausnahmen vorbereitet zu sein.

Lösungsnot

Die Konfliktparteien finden keine Lösung und nehmen die Lösungsvorschläge der Streitschlichter nicht an.
In diesem Fall solltet ihr Streitschlichter noch einmal die Wünsche oder Erwartungen jeder Konfliktpartei wiedergeben oder wiederholen lassen. Jeder einzelne Wunsch wird noch einmal daraufhin überprüft, ob er wenigstens zum Teil erfüllt werden könnte. Ganz einfache Lösungen sind manchmal schon hilfreich: sein Bedauern ausdrücken, sich um Besserung bemühen, sich gegenseitig in Ruhe lassen. Wenn überhaupt keine Lösungsvorschläge zustande kommen, könnt ihr die Streitschlichtung vertagen, damit die Konfliktparteien ein oder mehrere Tage über Vorschläge nachdenken können. Zu einem neuen Termin kommen sie vielleicht mit brauchbaren Ideen oder haben ihren Konflikt anderweitig geregelt. Falls ein schwerwiegender Streit weiter schwelt, wird einer eurer Betreuer vielleicht einen Schiedsspruch fällen.

Uneinsichtigkeit

Die Konfliktparteien beharren auf ihrem eigenen Standpunkt und sind nicht bereit oder in der Lage, die Sichtweise der anderen Seite wahrzunehmen. Möglicherweise hat eine der Konfliktparteien sogar eine verzerrte Wahrnehmung, d. h., ihre Sichtweise entspricht nicht dem, was wirklich vorgefallen ist. Weil ihr Streitschlichter keine Kriminalisten seid, die den Tathergang untersuchen und Zeugen vernehmen, könnt ihr in solchen Fällen folgende (vorläufige) Notlösungen vorschlagen: sich gegenseitig aus dem Weg gehen, nicht miteinander, aber auch nicht übereinander sprechen, damit andere Personen nicht in den Konflikt hineingezogen werden.

Hitzköpfe

Eine oder beide Konfliktparteien regen sich so auf, dass sie zum Sprechen kaum in der Lage sind und ihren Streit möglicherweise sogar handgreiflich fortsetzen wollen. In solchen Fällen könnt ihr den Konfliktparteien folgende Vorschläge unterbreiten:

1. Die Streitschlichtung wird verschoben, damit die Aufregung abklingen kann, wenn die Konfliktparteien bereit sind,

K. Jefferys-Duden: Das neue Streitschlichterprogramm, Trainingsheft
© Persen Verlag GmbH, Buxtehude

sich in der Zwischenzeit gegenseitig in Ruhe zu lassen.
2. Die Konfliktparteien sollen ihren Standpunkt aufschreiben, die Streitschlichtung wird anschließend oder später durchgeführt. Die Beschreibungen der Standpunkte könnt ihr vorher schon einmal lesen und in der Streitschlichtung vorlesen lassen, wenn sie keine Abwertungen enthalten. Falls die Beschreibungen Beleidigungen enthalten, werdet ihr Streitschlichter selbst die Stellungnahmen vorlesen und dabei Abwertungen auslassen oder umformulieren.
3. Ihr führt Einzelgespräche – jeder Streitschlichter mit einer Partei. Diese Gespräche haben es zum Ziel, die Konfliktparteien durch aktives Zuhören zu beruhigen. Sie können den Konflikt noch nicht lösen, aber eine Streitschlichtung vorbereiten. Jede Konfliktpartei wird allerdings versuchen, ihren Streitschlichter zu beeinflussen, um seine Unterstützung zu bekommen. Deshalb müsst ihr vor der Streitschlichtung auch die andere Seite in einem weiteren Einzelgespräch unvoreingenommen anhören oder die Streitschlichtung von zwei anderen Streitschlichtern durchführen lassen.

Komplexe Konflikte
Der Konflikt besteht aus vielen Themen und hat vielleicht schon eine lange Geschichte. Verwirrende Konflikte solltet ihr vereinfachen, also möglichst nur ein Streitthema zu einem Termin behandeln. Dabei beginnt ihr mit dem vorliegenden Konflikt und führt immer wieder auf dieses Thema zurück, z. B. mit dem Hinweis, dass die anderen Konflikte jeweils in einem weiteren Treffen bearbeitet werden können.

Riesige Streitschlichtungen
1. Die Konfliktparteien wollen Freunde und Zeugen mitbringen. Zeugen sind in der Streitschlichtung unerwünscht, weil es nicht euer Ziel ist, Fehlverhalten festzustellen und ein Urteil zu fällen, sondern den Konfliktparteien zu helfen, sich gegenseitig zu verstehen und faire Lösungen zu finden. Die Konfliktparteien sollen ihre Interessen selbst vertreten und nicht Freunde in den Konflikt hineinziehen.
2. Wenn der Konflikt zwischen zwei Gruppen besteht, könnte jede Gruppe einen Sprecher wählen. Die erste Streitschlichtung findet zwischen diesen Sprechern statt. Nachdem die Gruppensprecher Lösungen gefunden haben, müssen sie diese ihrer Gruppe erklären und versuchen, die Mitglieder davon zu überzeugen. Jeweils ein Streitschlichter sollte sie dabei begleiten und unterstützen.

© Persen Verlag GmbH, Buxtehude

Sprachprobleme
1. Beide Konfliktparteien stammen aus einem anderen Sprachraum und streiten sich in ihrer Muttersprache, die ihr Streitschlichter nicht versteht. Nach Möglichkeit sollte ein Streitschlichter, der die Sprache der Konfliktparteien spricht, diese Schlichtung durchführen. Falls ihr in eurer Gruppe keinen Vertreter habt, versucht ihr, einen älteren Schüler zu finden, der für beide Konfliktparteien übersetzen kann und will.
2. Die Konfliktparteien können sich nicht gut verständigen, weil sie unterschiedliche Muttersprachen sprechen und mindestens eine Person Deutsch nicht ausreichend beherrscht. In diesem Fall könnt ihr versuchen, die Streitschlichtung mit wenigen und einfachen Worten, mit Bildern, Gesten und kleinen Szenen durchzuführen.

Kulturelle Unterschiede
Die Konfliktparteien haben unterschiedliche Werte und können nicht verstehen, worüber der andere sich aufregt oder auch nicht aufregt. Möglicherweise habt auch ihr Streitschlichter Schwierigkeiten, die Reaktionen einer Konfliktpartei mit anderem kulturellen Hintergrund zu verstehen. Ihr habt allerdings gelernt, euch durch aktives Zuhören um Verständnis zu bemühen. Dieses Verständnis versucht ihr an die andere Konfliktpartei weiterzugeben. Beim Tausch der Standpunkte unterstützt ihr sie dabei, sich diese Kultur vorzustellen und sich dann in die andere Person hineinzuversetzen.

Einseitige Übergriffe
Wenn eine Person zum Konflikt gar nichts beigetragen hat, weil sie einen Angriff nicht provoziert hat und sich kaum zur Wehr gesetzt hat, kann man wirklich von einem Täter und einem Opfer sprechen und keinen Kompromiss finden. In einem solchen Fall kann nur das Opfer sagen, was es vom anderen erwartet und der Täter kann überlegen, ob er als Wiedergutmachung diese Erwartungen erfüllen oder ein anderes Angebot machen kann. Bei schweren Übergriffen solltet ihr eure Lehrer oder Betreuer bitten, einen Täter-Opfer-Ausgleich durchzuführen.

K. Jefferys-Duden: Das neue Streitschlichterprogramm, Trainingsheft
© Persen Verlag GmbH, Buxtehude

6. Organisation der Streitschlichtung

Raum und Zeit

In eurer Gruppe und in Absprache mit der Schulleitung und dem Kollegium werdet ihr entscheiden, wie oft, zu welchen Zeiten und wo ihr Streitschlichtung anbieten könnt. Die meisten weiterführenden Schulen ermöglichen Streitschlichtung in einem dafür geeigneten Raum in den großen Pausen. Streitschlichter warten zu diesen Zeiten auf Konfliktparteien, die entweder von selbst oder auf Rat von Lehrern oder Mitschülern zu euch kommen. In einigen Schulen halten sich Streitschlichter in den Pausen auf dem Schulhof auf und gehen selbstständig auf Konfliktparteien zu, sobald sie einen Streit erkennen. In dringenden Konfliktfällen erlauben die meisten Lehrer, dass Streitschlichtungen auch zu Unterrichtszeiten durchgeführt werden können, wenn die Pausen nicht ausreichen.

Flexible Teams

Streitschlichtung solltet ihr immer zu zweit durchführen. Zwei Streitschlichter können sich gut ergänzen: Kleine Fehler lassen sich leicht korrigieren, ohne dass der andere sich dabei bloßgestellt fühlen muss. Zwar könnt ihr feste Zweierteams bilden, aber ihr seid flexibler einsetzbar und erweitert eure Erfahrungen, wenn ihr mit verschiedenen Personen kooperiert.
Stell dir vor, dass du dir später an deinem Ausbildungs- oder Arbeitsplatz deine Kollegen und Vorgesetzten auch nicht aussuchen kannst und mit beliebigen Leuten zusammenarbeiten musst. Dafür ist die Streitschlichtertätigkeit bereits eine gute Vorbereitung.
Für einen Konflikt zwischen einem Jungen und einem Mädchen ist es günstig, einen Streitschlichter und eine Streitschlichterin im Team zu haben.
Alle Streitschlichter sollten ungefähr mit gleicher Häufigkeit zum Einsatz kommen.
Die Konfliktparteien sollten sich ihre Streitschlichterteams nicht auswählen können. Vielmehr sollten eure Betreuer Konfliktfälle den flexiblen Teams zuordnen, wenn Anmeldungen an sie herangetragen werden.

Öffentlichkeitsarbeit

Alle Lehrkräfte und alle Schüler müssen über Streitschlichtung gründlich informiert sein, damit sie euer Angebot annehmen oder empfehlen. Am besten ist es, wenn sie einmal gesehen haben, wie Streitschlichtung abläuft, damit sie Vertrauen zu eurem Angebot entwickeln. Zu diesem Zweck könnt ihr ein vorbereitetes Rollenspiel von einer Streitschlichtung aufführen oder eine Videoaufnahme zeigen. In eurer Gruppe werdet ihr überlegen, wie ihr immer wieder an euer Angebot erinnert, weil es leicht in Vergessenheit geraten kann.

Supervision

Auch nach abgeschlossener Ausbildung solltet ihr euch regelmäßig in der Gruppe mit euren Betreuern treffen, um über durchgeführte Streitschlichtungen zu sprechen und schwierige Situationen nachzuspielen. Auf diese Weise werdet ihr immer sicherer und könnt im Laufe der Zeit auch schwierigere Konfliktfälle übernehmen. Die Grenzfälle, bei denen Streitschlichtung eventuell durch andere Maßnahmen ergänzt werden müssen, sollen allerdings eure Lehrkräfte oder Betreuer übernehmen.

© Persen Verlag GmbH, Buxtehude

Nachwort

Wenn du dieses Heft durchgearbeitet und die Übungen in deiner Gruppe durchgeführt hast, bist du für Streitschlichtungen in deiner Schule schon ziemlich gut vorbereitet. Natürlich werdet ihr euch am Anfang nicht die schwierigsten Auseinandersetzungen aussuchen, sondern euch zunächst einfachere Alltagskonflikte bei jüngeren Schülern vornehmen. Später – mit zunehmender Erfahrung und Sicherheit – wirst du auch schwierige Schlichtungssituationen bewältigen – immer zu zweit. Wenn du mir Probleme oder auch Erfolge bei der Streitschlichtung mitteilen möchtest, kannst du mir über den Verlag schreiben. Jetzt wünsche ich dir und deiner Gruppe erst einmal viel Erfolg!

An die zukünftigen Streitschlichterinnen und Streitschlichter

K. Jefferys-Duden: Das neue Streitschlichterprogramm, Trainingsheft
© Persen Verlag GmbH, Buxtehude